JOHANN LAFERS CULINARIUM

DIE KLASSISCHE KÜCHE ITALIENS

Für Erika

herzlichst von

Johann Lafer

2004

Sonderausgabe der Naumann & Göbel Verlagsgesellschaft mbH
in der VEMAG Verlags- und Mediengesellschaft, Köln

Redaktion und Text: Roswitha Schneider
Art Director: Christian Talla, Ricarda Fassio
Layout: Klaus Elbers
Rezepte: Johann Lafer, Johann Lafer's Stromburg
55442 Stromberg, Tel: 0 67 24/93 10-0
Fax: 0 67 24/93 10-90, Internet: www.johannlafer.de
E-Mail: stromburghotel@johannlafer.de
Studioküche: Walter Curman
»e&t«-Versuchsküche: Jürgen Büngener
Rezept-Fotos: Richard Stradtmann; Studio-Fotos: ZDF; sonstige Fotos: H. Banderob, G. Contini, B. Euler, M. Haupt,
C. Köster, J. Lehmann, Mauritius, Z. Nagy, R. Nüttgens, P. Ploog, G. Rogers, D. Ruhde, R. Stradtmann, R. C. Stradtmann
Styling: Günther Meierdierks
Schlussredaktion: Karin Schanzenbach
Bildbearbeitung: Jutta Wolf
Projektleitung: Dr. Frank Stahmer
Titelgestaltung: Naumann & Göbel
Gesamtherstellung: Naumann & Göbel Verlagsgesellschaft mbH, Köln

ISBN 3-625-10996-4
www.naumann-goebel.de

JOHANN LAFERS CULINARIUM

DIE KLASSISCHE KÜCHE ITALIENS

Das Buch zur
ZDF-3-sat-Serie mit Rezepten
von Johann Lafer
und der »essen & trinken«-
Versuchsküche

essen &
trinken

Antipasti

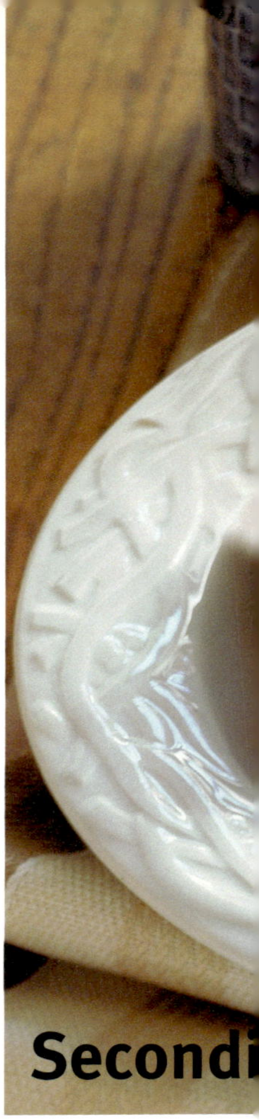
Secondi

Primi

Dolce

Inhalt

Gute Vorbereitung ist alles: Johann Lafer lässt sich von Jutta Magdorf das Gesicht pudern, mit »e&t«-Koch Jürgen Büngener schneidet er die Torte auf, mit seiner Frau Silvia probt er die Einstellung am gedeckten Tisch, und das Team versammelt sich um den Kochblock, um die Reihenfolge festzulegen, in der das Rezept abgedreht wird.

Studio-Impressionen

30 neue Folgen „Johann Lafers Culinarium – Genuss auf Italienisch“ mit Deutschlands beliebtestem Fernsehkoch: Für die »essen & trinken«-Redaktion in Hamburg und das Fernsehteam von ZDF/3sat im Studio in Guldental bedeutet das mehrere Monate konzentrierter Arbeit. Auf dem Papier werden zunächst die klassischen Gerichte aus den 15 schönsten italienischen Regionen festgelegt, und Johann Lafer entwickelt mit geballter Kreativität Ideen für seine persönlichen Variationen. Im Fernsehstudio in Guldental ist das Produktionsteam von ca. 25 Leuten versammelt, um in zwei Staffeln die 30 Sendungen aufzuzeichnen:

Konzentrierte Arbeit hinter den Kulissen: In der Küche neben dem Fernsehstudio werden die Lebensmittel gelagert (oben Johann Lafer mit frischem Fisch) und die Gerichte vorbereitet. Vier Kameraleute kümmern sich um das richtige Bild – und in einer Drehpause darf Lafers Tochter Jenny schon mal üben (oben Mitte).

Regisseur Dr. Manfred Wittelsberger, 3sat-Redakteurin Gaby Brauer, Lafers Assistent Walter Curman, vier Kameraleute, MAZ-Ingenieur, Toningenieur, Standfotograf, Requisitenhilfe und viele mehr. Vor der Kamera dabei: Silvia Lafer, die mit ihrem Mann die fertigen Gerichte präsentiert, die dazu passenden Weine und fantasievolle Tischdekoration. Am Set immer in Aktion: »essen & trinken«-Koch Jürgen Büngener, der mit Fotokamera, Stift und wachsamem Auge die Produktion begleitet. Wieder in Hamburg, setzt er die Rezepte mit Fotograf Richard Stradtmann und Stylist Günther Meierdierks in die schönen Bilder um, die Sie in diesem Buch finden. Viel Spaß beim Lesen, viel Spaß beim Kochen – und natürlich: Buon Appetito!

Vorspeisen und Suppen

Vom eingelegten Gemüse über Mortadella, Schinken und Parmesan bis zum Carpaccio mit gefüllter Zucchiniblüte und raffiniert eingelegten Sardinen: Johann Lafer präsentiert Ihnen appetitanregende Köstlichkeiten, die Italien im Überfluss zu bieten hat

Nur eine kleine Auswahl aus Italiens Antipasti-Paradies: Parma- oder San-Daniele-Schinken, Fenchelsalami, Mortadella, schwarze und grüne Oliven, Kapernäpfel

Mozzarella in carrozza mit Rucolasalat

Eines der traditionsreichsten Gerichte aus Kampanien, das klassisch mit Büffel-Mozzarella zubereitet wird

Für 4 Portionen:

Mozzarella in carrozza

8 Scheiben Kastenweißbrot (1 cm dicke Scheiben, ersatzweise Toastbrot)
125 g Mozzarella
3 Eier (Kl. M)
3 El Milch
Salz, Pfeffer
80 g Mehl
150–200 ml Olivenöl

Salat

12 Kirschtomaten
140 g Rucola
3 El weißer Aceto balsamico
5 El Olivenöl
Salz, Pfeffer

1. Brotscheiben entrinden. Mozzarella in 4 gleich dicke Scheiben schneiden. Auf 4 Brotscheiben je 1 Mozzarellascheibe legen. Restliche Brotscheiben darauf legen und die Ränder gut andrücken. Ränder kurz in kaltes Wasser tauchen. Nun nochmals fest zusammendrücken, so dass die Brotscheiben gut verschlossen sind.

2. Eier, Milch, etwas Salz und Pfeffer verquirlen. Brotscheiben von beiden Seiten im Mehl wenden, überschüssiges Mehl abklopfen. Brotscheiben in der Eimasse von beiden Seiten gut eintauchen, etwas abtropfen lassen und im 160 Grad heißen Öl von jeder Seite in einer Pfanne ½–1 Minute goldbraun backen. Auf Küchenpapier gut abtropfen lassen.

3. Für den Salat Kirschtomaten halbieren und mit geputztem Rucola in eine Schüssel geben. Essig, Olivenöl, etwas Salz und Pfeffer zugeben und alles vorsichtig miteinander vermengen. Auf einer Platte mit den heißen Mozzarella-Sandwiches anrichten.

Zubereitungszeit 40 Minuten
Pro Portion 16 g E, 49 g F, 40 g KH = 659 kcal (2759 kJ)

Rinder-Carpaccio mit gefüllten Zucchiniblüten

Mit Kräutern zur Roulade gewickelt eine edle Gaumenfreude aus dem Piemont

Für 4 Portionen:

Rinder-Carpaccio

5 Stiele glatte Petersilie
3 Stiele Estragon
2 Stiele Thymian
½ Bund Schnittlauch
300 g Rinderfilet (küchenfertig)
Salz, Pfeffer
Saft von 2 Zitronen (80 ml)
5 El Olivenöl
½ Tl Trüffelöl
2 Stiele Kerbel
40 g Pecorino

Zucchiniblüten

4 Zucchiniblüten
200 g große Shiitake-Pilze
3 El Olivenöl
1 Beet Kresse
125 g Mehl
125 g Speisestärke (statt Mehl und Stärke kann man auch 250 g fertiges Tempuramehl verwenden)
2 Eigelb (Kl. M)
100 ml eiskalter Weißwein
Salz, Pfeffer
Mehl zum Mehlieren
500 ml Öl zum Frittieren

1. Petersilien-, Estragon- und Thymianblättchen abzupfen und fein hacken. Schnittlauch in feine Röllchen schneiden. Rinderfilet der Länge nach so aufschneiden, dass eine große, flache Fläche entsteht. Mit Salz und Pfeffer würzen und die Kräuter darauf streuen. Fleisch wie eine Roulade aufrollen und fest in Klarsichtfolie eindrehen. Nochmals fest in Alufolie wickeln und für 4–5 Stunden in das Gefriergerät legen.

2. Für die gefüllten Zucchiniblüten aus den Blüten die Narbe mit einer Pinzette lösen und entfernen. Von den Shiitake-Pilzen die Stiele abschneiden. Olivenöl in einer Pfanne erhitzen und die Pilzkappen darin von beiden Seiten kurz anbraten, auf Küchenpapier abtropfen lassen. Pilze nebeneinander auf Klarsichtfolie legen. Mit einer zweiten Folie abdecken und vorsichtig plattieren. Jeweils 6 Pilze übereinander lappend zu einer kleinen Bahn auslegen; dies 3-mal wiederholen. Auf die Mitte der 4 Pilzbahnen die abgeschnittene Kresse verteilen. Pilzbahnen von der schmalen Seite zu kleinen Rouladen aufrollen. Gut zusammendrücken und jeweils 1 Roulade in die Zucchiniblüten stecken. Die Blütenenden mit den Fingerspitzen vorsichtig zusammendrehen, so dass die Blüten fest verschlossen sind.

3. Für den Ausbackteig Mehl, Speisestärke, Eigelb, 300 ml eiskaltes Wasser und eiskalten Wein mit dem Schneidstab zu einem glatten Teig verrühren. Mit Salz und Pfeffer abschmecken. Zucchiniblüten in Mehl wenden, überschüssiges Mehl abklopfen.

4. Für die Marinade Zitronensaft mit Oliven- und Trüffelöl verrühren. Mit Salz und Pfeffer würzen. Das gefrorene Rinderfilet aus der Folie wickeln. Auf der Aufschnittmaschine in dünne Scheiben schneiden und sofort auf flache Teller legen. Mit Salz und Pfeffer würzen und mit der Marinade beträufeln. Mit abgezupften Kerbelblättern dekorieren. Mit frisch gehobeltem Pecorino bestreuen.

5. Blüten in den Teig tauchen, etwas abtropfen lassen und im 160 Grad heißen Öl in 3–4 Minuten goldgelb frittieren. Auf Küchenpapier abtropfen lassen. Blüten mit einem scharfen Sägemesser schräg halbieren und zu dem Carpaccio servieren.

Zubereitungszeit 1:20 Stunden (plus Gefrierzeit)
Pro Portion 25 g E, 50 g F, 56 g KH = 775 kcal (3246 kJ)

Bohnen-Kartoffel-Suppe

Dieses herzhafte Wintergericht stammt aus Friaul-Julisch Venetien im Nordosten Italiens

Für 4 Portionen:

300 g dicke weiße Bohnen
300 g durchwachsener Speck
500 g Kartoffeln
100 ml Rinderbrühe
200 g Sauerkraut
1 Lorbeerblatt
Salz, Pfeffer
2 Knoblauchzehen
4 El Olivenöl
1 El Mehl
5 Stiele glatte Petersilie

1. Bohnen über Nacht in kaltem Wasser einweichen.

2. Bohnen abgießen und mit dem Speck in 2 l Wasser 2 ½ Stunden bei mittlerer Hitze leise kochen lassen. Inzwischen die Kartoffeln schälen und in 2 cm große Würfel schneiden; nach 2 Stunden die Kartoffeln zu den Bohnen geben.

3. Brühe erhitzen, Sauerkraut und Lorbeerblatt dazugeben. Zugedeckt bei mittlerer Hitze 15 Minuten leise kochen lassen. Mit Salz und Pfeffer würzen.

4. Knoblauch in feine Würfel schneiden. Olivenöl erhitzen und den Knoblauch darin andünsten. Mehl dazugeben und anschwitzen. Sauerkraut dazugeben und 5 Minuten bei mittlerer Hitze leise kochen lassen.

5. Speck mit einer Schaumkelle herausnehmen, auf ein Arbeitsbrett legen und etwas abkühlen lassen. In 2–3 cm große Stücke schneiden. ⅓ der Suppe mit einer Schöpfkelle in ein hohes Gefäß (z. B. Litermaß) füllen und mit dem Schneidstab fein pürieren. Wieder zur Suppe geben. Sauerkraut und Speck zufügen und 5 Minuten leise kochen lassen.

6. Petersilienblätter abzupfen, 10 Blätter beiseite legen. Die restlichen Blätter fein hacken und zur Suppe geben. Suppe in tiefen Tellern anrichten und mit Petersilienblättern dekorieren.

Zubereitungszeit 3:30 Stunden
(plus Einweichzeit)
Pro Portion 32 g E, 33 g F, 49 g KH = 625 kcal (2618 kJ)

Terrine von gegrilltem Gemüse mit Rucola-Pesto

Als Beilage dazu: Parmaschinken, ein berühmtes Erzeugnis der Emilia-Romagna

Für 6–8 Portionen:

Gemüseterrine

1 Zucchini (300 g)
1 Aubergine (300 g)
6 Stiele Thymian
12 El Olivenöl
1 Zweig Rosmarin
4 Knoblauchzehen
Salz, Pfeffer
½ El Zucker
3 El weißer Aceto balsamico
400 ml stückige Tomaten (Dose)
3 El Ketchup
5 Blatt weiße Gelatine
200 g Zwiebeln
2 El Tomatenmark mit Basilikum
je 1 rote und gelbe Paprikaschote (à 200 g)

Rucola-Pesto

30 g Pinienkerne
20 g glatte Petersilienblätter
50 g Rucola
1 Knoblauchzehe
30 g frisch geriebener Parmesan
150 ml Olivenöl
Salz, Pfeffer

1. Für die Terrine Zucchini und Aubergine längs in ½ cm dicke Scheiben schneiden. Von 2 Thymianstielen die Blätter abstreifen und beiseite legen. 7 El Olivenöl in einer großen Pfanne erhitzen und die Gemüsescheiben darin von beiden Seiten mit Rosmarin, 3 Knoblauchzehen und den restlichen Thymianstielen goldgelb braten. Mit Salz und Pfeffer würzen. Auf Küchenpapier abtropfen lassen.

2. Für die Tomatensauce die restliche Knoblauchzehe fein hacken. 2 El Olivenöl erhitzen und den Knoblauch darin glasig andünsten. Zucker dazugeben, schmelzen lassen und mit Aceto balsamico ablöschen. Tomaten und Ketchup dazugeben und 5 Minuten bei mittlerer Hitze leise kochen lassen. Gelatine in kaltem Wasser einweichen. Sauce mit Salz und Pfeffer abschmecken, vom Herd nehmen und 20 Minuten abkühlen lassen. Dann die ausgedrückte Gelatine in der warmen Sauce auflösen.

3. Zwiebeln in feine Würfel schneiden. Restliches Olivenöl erhitzen und die Zwiebeln bei mittlerer Hitze darin weich dünsten. Tomatenmark und beiseite gelegte Thymianblätter zugeben und mit Salz und Pfeffer würzen. Abkühlen lassen. Paprika längs vierteln, entkernen und mit der Hautseite nach oben auf ein Backblech legen. Unter dem vorgeheizten Backofengrill auf der 3. Schiene von unten 8–10 Minuten grillen, bis die Haut schwarze Blasen wirft. Herausnehmen und ein nasses, kaltes Küchentuch darauf legen. Die Paprika 5 Minuten abkühlen lassen, dann die Haut abziehen.

4. Die Gemüse und Zwiebeln abwechselnd in eine mit Klarsichtfolie ausgelegte Terrinenform (1 l Inhalt) schichten; zwischen die einzelnen Lagen immer großzügig Tomatensauce gießen. Terrine mit Klarsichtfolie abdecken und für 6 Stunden in den Kühlschrank stellen.

5. Für den Pesto die Pinienkerne in einer Pfanne ohne Fett goldbraun rösten. Petersilie, Rucola, Knoblauch, Parmesan und Öl in ein schmales hohes Gefäß geben. Mit dem Schneidstab fein pürieren und mit Salz und Pfeffer abschmecken.

6. Terrine aus der Form lösen und die Folie abziehen. Terrine in 2 cm dicke Scheiben schneiden, auf flachen Tellern anrichten und mit etwas Pesto beträufeln. Dazu passen Parmaschinken und Ciabatta.

Zubereitungszeit 2 Stunden (plus Kühlzeiten)
Pro Portion (bei 8 Portionen) 6 g E, 38 g F, 13 g KH = 410 kcal (1715 kJ)

Speckknödelsuppe

Im Aosta-Tal zu Hause: mit Speck gewürzte Knödel in kräftiger Brühe

Für 4 Portionen:

Rinderbrühe

1 kg Rinderknochen (klein gesägt)
500 g Rinderbeinscheiben (klein gehackt)
Salz
2 Zwiebeln
1 Bund Suppengrün
2 Lorbeerblätter
1 Tl weiße Pfefferkörner
Pfeffer

Speckknödel

1 Bund glatte Petersilie
200 g altbackene Brötchen
200 ml Milch
100 g Zwiebeln
150 g geräucherter Speck
20 g Butter
2 Eier (Kl. M)
1–2 El Mehl
Salz, Pfeffer
½ Bund Schnittlauch
5 Stiele Liebstöckel

1. Für die Rinderbrühe die Knochen 1 Minute in kochendem Wasser brühen und abgießen. Knochen in einem großen Topf mit 3 ½ l kaltem Wasser aufsetzen und aufkochen. Dann das Fleisch hineinlegen, salzen und bei milder Hitze 1 ½ Stunden offen kochen lassen, dabei öfter abschäumen.

2. Zwiebeln halbieren und auf den Schnittflächen in einer Pfanne ohne Fett dunkelbraun rösten. Suppengemüse, Lorbeerblätter, Pfefferkörner und Zwiebeln in die Brühe geben. Bei milder Hitze weitere 30 Minuten kochen lassen, dabei immer wieder abschäumen.

3. Ein Sieb mit einem feuchten Mulltuch auslegen, fertige Brühe vorsichtig durchgießen. Mit Salz und Pfeffer abschmecken.

4. Für die Speckknödel Petersilienblätter abzupfen und fein hacken. Brötchen in 1–2 cm große Würfel schneiden. Milch erwärmen und über die Brötchen geben. Zwiebeln und Speck in 2–3 mm große Würfel schneiden. Butter erhitzen und die Zwiebeln und den Speck darin goldgelb anbraten. Mit der Petersilie zu den Brotwürfeln geben. Eier und Mehl zugeben. Mit Salz und Pfeffer würzen und alles gut vermengen. 10 Minuten quellen lassen. Aus der Masse Knödel formen. In reichlich kochendes Salzwasser geben und 10–15 Minuten bei schwacher Hitze garen. Schnittlauch in feine Röllchen schneiden. Liebstöckelblätter abzupfen und in feine Streifen schneiden. Jeweils 2 Knödel in einen Suppenteller geben und mit Brühe übergießen. Mit Schnittlauch und Liebstöckel bestreuen.

Zubereitungszeit 3 Stunden
Pro Portion 19 g E, 22 g F, 34 g KH = 405 kcal (1694 kJ)

Kohl-Quiche mit San-Daniele-Schinken

Den edlen Schinken aus dem Friaul wählt Johann Lafer als Belag für den würzigen Kuchen

Für 4 Portionen:

Boden

400 g TK-Blätterteig
etwas weiche Butter und Mehl für die Form
Hülsenfrüchte zum Blindbacken

Belag

700 g Spitzkohl
Salz
150 g Sauerkraut
100 g Schalotten
2 Knoblauchzehen
4 El Olivenöl
Pfeffer
Muskatnuss
50 g San-Daniele-Schinken (in dünnen Scheiben; ersatzweise Parmaschinken)
30 g frisch geriebener Parmesan

Guss

1 Knoblauchzehe
1 kleiner Zweig Rosmarin
1 Stiel Thymian
125 ml Weißwein
50 g Crème fraîche
2 Eier (Kl. M)
Salz, Pfeffer

Schnittlauchschmand

2 Tomaten
30 g Schalotten
2 Knoblauchzehen
1 Bund Schnittlauch
180 g Schmand
Salz, Pfeffer

1. Blätterteigplatten auftauen lassen. Platten übereinander legen und mit der Kuchenrolle auf etwa 30x30 cm ausrollen. Einen Kreis von 28 cm Ø ausschneiden. Eine Tarteform (26 cm Ø) dünn mit Butter auspinseln und mit Mehl bestäuben. Teigplatte in die Form legen, leicht andrücken und mit einer Gabel mehrmals einstechen. Mit Backpapier (30x30 cm) abdecken und bis zum Rand mit Hülsenfrüchten füllen. Im vorgeheizten Backofen auf der 2. Schiene von unten bei 210 Grad (Gas 3–4, Umluft 190 Grad) 20 Minuten blindbacken. Hülsenfrüchte und Backpapier entfernen und den Teig abkühlen lassen.

2. Für den Belag vom Spitzkohl den Strunk keilförmig herausschneiden und die Blätter lösen, die dicken Stiele keilförmig herausschneiden. Blätter in reichlich kochendem Salzwasser blanchieren, abschrecken, gut abtropfen lassen und trockentupfen. Blätter in 1 cm dicke Streifen schneiden. Sauerkraut gut ausdrücken und grob schneiden. Schalotten und Knoblauch in feine Würfel schneiden. Olivenöl erhitzen und Schalotten und Knoblauch darin andünsten. Kohl und Sauerkraut dazugeben, 2–3 Minuten andünsten. Mit Salz, Pfeffer und Muskat würzen. Auf dem vorgebackenen Teig gleichmäßig verteilen.

3. Für den Guss den Knoblauch fein würfeln. Rosmarinnadeln und Thymianblätter abstreifen und fein hacken. Knoblauch, Rosmarin, Thymian, Weißwein, Crème fraîche und Eier in ein hohes schmales Gefäß (z. B. Litermaß) geben und mit dem Schneidstab verquirlen. Mit Salz und Pfeffer würzen.

4. Die Hälfte auf den Belag gießen. Dann den Schinken darauf legen und den restlichen Guss darüber geben. Mit Parmesan gleichmäßig bestreuen. Im vorgeheizten Backofen auf der untersten Schiene bei 190 Grad (Gas 2–3, Umluft 160 Grad) 35–40 Minuten backen.

5. Für den Schnittlauchschmand die Tomaten überbrühen, abschrecken, häuten, vierteln, entkernen und in ½ cm große Würfel schneiden. Schalotten und Knoblauch in feine Würfel, Schnittlauch in feine Röllchen schneiden. Schmand in eine Schüssel geben und mit Tomaten, Schalotten, Knoblauch und Schnittlauch verrühren. Mit Salz und Pfeffer würzen.

6. Die Quiche aus der Form lösen, auf eine Tortenplatte oder ein Holzbrett geben und in 8 Stücke schneiden. Mit dem Schnittlauchschmand servieren.
Dazu passt Radicchiosalat.

Zubereitungszeit 1:50 Stunden
Pro Portion 22 g E, 58 g F, 47 g KH = 802 kcal (3354 kJ)

Eingelegte Sardinen

Mit einem Aperitif ein heiß geliebter Appetizer in venezianischen Gasthäusern

Für 4 Portionen:

500 g Gemüsezwiebeln
4 Knoblauchzehen
6 El Olivenöl
1 Tl Zucker
250 ml Weißwein
50 ml weißer Aceto balsamico
150 ml Gemüsebrühe
Salz, Pfeffer
50 g Pinienkerne
40 g Rosinen
400 g Sardinen
Mehl zum Mehlieren
300 ml Öl zum Frittieren
200 g Radicchio
1 Stiel glatte Petersilie

1. Für die Marinade die Zwiebeln halbieren und in feine Streifen schneiden. Knoblauch in feine Scheiben schneiden. 4 El Olivenöl in einem Topf erhitzen und Zwiebeln und Knoblauch darin andünsten. Zucker zugeben und mit Weißwein, Aceto balsamico und Brühe auffüllen. Kurz aufkochen lassen und bei mittlerer Hitze 5 Minuten leise kochen lassen. Mit Salz und Pfeffer würzen. Pinienkerne in einer Pfanne ohne Fett goldbraun rösten. Mit den Rosinen in die Marinade geben.

2. Die Sardinen putzen und die Köpfe so abschneiden, dass sich dabei die Innereien mit ablösen. Den Bauch aufschneiden und die restlichen Innereien unter fließend kaltem Wasser herauswaschen. Sardinen auf Küchenpapier gut trockentupfen.

3. Mehl auf eine Platte geben und die Sardinen darin wenden, überschüssiges Mehl abklopfen. Sardinen im 160 Grad heißen Öl goldbraun ausbacken und auf Küchenpapier abtropfen lassen. Mit Salz und Pfeffer würzen.

4. Radicchio in ½ cm breite Streifen schneiden. Das restliche Olivenöl erhitzen und den Radicchio darin leicht andünsten. Sardinen auf einer Platte anrichten und mit der Marinade übergießen. Radicchio darüber verteilen und mit abgezupften Petersilienblättern dekorieren.

Zubereitungszeit 1 Stunde
Pro Portion 21 g E, 50 g F, 30 g KH = 664 kcal (2777 kJ)

Süß-saures Gemüse mit gebackenem Fischfilet

Ein Genuss an warmen Sommertagen – besonders beliebt in Venetien

Für 4 Portionen:

Gemüse
70 g Schalotten
2 Knoblauchzehen
100 g feine Möhren mit Grün
1 Fenchelknolle mit Grün (ca. 100 g)
1 rote Paprikaschote (200 g)
1 grüne Paprikaschote (200 g)
1 gelbe Paprikaschote (200 g)
1 Bund Frühlingszwiebeln
4 El Olivenöl
1 El Zucker
½ Tl Safranfäden
100 ml weißer Aceto balsamico
100 ml Weißwein
150 ml Fischfond
Salz, Pfeffer
30 g Radicchio

Backteig und Fisch
80 g Mehl
80 g Speisestärke
1 Ei (Kl. M)
200 ml Weißwein
1 El Olivenöl
Salz, Pfeffer
300 ml Öl zum Frittieren
600 g Fischfilet (z. B. Seelachs, küchenfertig, à 150 g)
Mehl zum Mehlieren

1. Für das Gemüse die Schalotten in feine Streifen, Knoblauch in feine Würfel schneiden. Von den Möhren das Grün 1 cm über der Möhre abschneiden, waschen, trockenschleudern und beiseite stellen. Die Möhren schälen. Vom Fenchel das Grün abzupfen, die Knolle halbieren und in schmale Spalten schneiden. Paprika längs vierteln, entkernen und mit einem Sparschäler schälen. Paprika in 2 cm große Rauten schneiden. Frühlingszwiebeln putzen und in 4–5 cm große Stücke schneiden.

2. Olivenöl erhitzen und Schalotten und Knoblauch darin andünsten. Zucker und Safran zugeben und kurz andünsten. Mit Aceto balsamico ablöschen. Mit Weißwein und Fischfond auffüllen, kurz aufkochen lassen. Möhren und Fenchel zugeben und bei mittlerer Hitze 5–8 Minuten leise kochen lassen. Dann Paprika und Frühlingszwiebeln zugeben und 2 Minuten leise kochen lassen. Mit Salz und Pfeffer abschmecken.

3. Für den Backteig Mehl, Speisestärke, Ei, Weißwein und Olivenöl zu einem glatten Teig verrühren. Mit Salz und Pfeffer abschmecken. Im 160 Grad heißen Öl zuerst das Möhrengrün frittieren und auf Küchenpapier abtropfen lassen. Fischfilets in Mehl wenden. Überschüssiges Mehl abklopfen, die Filets portionsweise in den Teig tauchen, etwas abtropfen lassen und sofort im 160 Grad heißen Öl goldgelb ausbacken. Auf Küchenpapier abtropfen lassen. Mit Salz und Pfeffer würzen.

4. Die Radicchioblätter grob zerteilen und mit dem Gemüse in tiefen Tellern anrichten. Die Fischfilets darauf legen und mit dem frittierten Möhrengrün dekorieren.

Zubereitungszeit 1:20 Stunden
Pro Portion 35 g E, 41 g F, 47 g KH = 712 kcal (2985 kJ)

Mediterran eingelegte Gemüse

In der Emilia-Romagna serviert man dazu die berühmten Produkte der Region: Mortadella, Salami und Parmesan

Für 4 Portionen:
200 g Zucchini
200 g Aubergine
350 ml Olivenöl
Salz, Pfeffer
je 250 g rote und gelbe Paprikaschoten
150 g Perlzwiebeln
10 Knoblauchzehen
2 Zitronen
1 Zweig Rosmarin, 5 Stiele Thymian

1. Zucchini und Aubergine längs in $\frac{1}{2}$ cm dicke Scheiben schneiden. 6 El Olivenöl in einer Pfanne erhitzen und die Scheiben darin von beiden Seiten goldbraun braten. Mit Salz und Pfeffer würzen. Auf Küchenpapier abtropfen lassen.

2. Paprika längs vierteln, entkernen und mit der Hautseite nach oben auf ein Backblech legen. Perlzwiebeln und Knoblauch dazugeben und im vorgeheizten Backofen auf der 3. Schiene von unten bei 180 Grad (Gas 2–3, Umluft nicht empfehlenswert) 12–15 Minuten garen. Paprika herausnehmen und 5 Minuten mit einem feuchten Küchentuch abdecken. Die Paprikaschoten häuten und abkühlen lassen.

3. Sämtliches Gemüse abwechselnd in ein Einmachglas (1 l Inhalt) schichten. Zitronen auspressen und den Saft mit etwas Salz und dem restlichen Olivenöl verrühren. Rosmarin und Thymian auf das Gemüse legen. Das Einmachglas mit dem Zitronen-Olivenöl bis zum Rand auffüllen. Glas dicht verschließen und in einen Einmachtopf stellen. Bis zum Glasrand mit heißem Wasser füllen und das Gemüse bei milder Hitze 30 Minuten leise kochen.

Tipp: Das Gemüse hält sich im verschlossenen Glas ein paar Wochen. Zum Servieren Gemüse in einem Sieb abtropfen lassen und das Öl dabei auffangen. Gemüse mit Mortadella, Parmesan und Salami anrichten. Das Olivenöl kann für Salate verwendet werden.

Zubereitungszeit 1:50 Stunden
Pro Portion 4 g E, 38 g F, 12 g KH = 405 kcal (1695 kJ)

Basilikum-Schaumsuppe mit Tomate und Mozzarella

Tomate, Mozzarella, Basilikum – der Klassiker aus Kampanien von Lafer neu interpretiert

Für 4 Portionen:

70 g Schalotten
1 Knoblauchzehe
8 El Olivenöl
150 ml Weißwein
800 ml Geflügelfond
15 Stiele Basilikum (100 g)
150 ml Öl zum Frittieren
30 g Pinienkerne
250 g Spinat
Salz, Pfeffer
400 ml Schlagsahne
4 Strauchtomaten
80 g Mozzarella
20–30 g grüne Oliven (ohne Stein)
2 El Olivenöl mit Zitrone
50 g kalte Butterwürfel

1. Für die Suppe Schalotten und Knoblauch in feine Würfel schneiden. 2 El Olivenöl erhitzen und die Schalotten und den Knoblauch darin andünsten. Mit Weißwein ablöschen und mit dem Fond auffüllen. Bei mittlerer Hitze auf die Hälfte einkochen lassen. Basilikumblätter abzupfen und beiseite legen; die Stiele zur Suppe geben. 8 Basilikumblätter im heißen Öl frittieren und auf Küchenpapier abtropfen lassen. Beiseite stellen.

2. Für die Paste Pinienkerne in einer Pfanne ohne Fett goldbraun rösten. Spinat waschen, putzen, in kochendem Salzwasser blanchieren und in eiskaltem Wasser abschrecken. Spinat in ein Sieb geben, gut abtropfen lassen und mit den Händen gut ausdrücken. Das restliche Olivenöl, restliche frische Basilikumblätter, Pinienkerne und Spinat in ein hohes schmales Gefäß geben. Salzen, pfeffern und mit dem Schneidstab fein pürieren.

3. Sahne zur eingekochten Suppe geben und nochmals um ⅓ einkochen lassen. In der Zwischenzeit die Tomaten überbrühen, abschrecken und die Haut abziehen. Einen schmalen Deckel abschneiden und die Tomaten mit einem Teelöffel aushöhlen. Mozzarella gut abtropfen lassen, in ½ cm große Würfel schneiden und in eine Schüssel geben. Oliven in 3–4 mm große Stücke hacken und mit dem Olivenöl mit Zitrone zum Mozzarella geben. Mit Salz und Pfeffer abschmecken. Tomaten in eine ofenfeste Form setzen und die Mozzarella-Oliven-Füllung gleichmäßig in die Tomaten verteilen. Im vorgeheizten Backofen auf der 2. Schiene von unten bei 150 Grad (Gas 1, Umluft 130 Grad) 5–8 Minuten backen.

4. In der Zwischenzeit die Basilikumstiele aus der Suppe entfernen. Basilikumpaste in einen Küchenmixer geben und mit der Suppe auffüllen. Fein mixen und nach und nach die eiskalten Butterwürfel zugeben. Mit Salz und Pfeffer abschmecken. Suppe in tiefen Tellern anrichten und jeweils 1 Tomate hineinsetzen. Mit frittierten Basilikumblättern dekorieren.

Zubereitungszeit 2 Stunden
Pro Portion 14 g E, 79 g F, 8 g KH = 796 kcal (3334 kJ)

Carpaccio mit Parmesan und gebratenen Pilzen

Kommt ursprünglich aus Kampanien und steht heute in jedem italienischen Restaurant auf der Speisekarte

Für 4 Portionen:

300 g Rinderfilet (Mittelstück, küchenfertig)
70 g Schalotten
1 Knoblauchzehe
5 Stiele glatte Petersilie
150 g Tomaten
150 g Champignons
9 El Olivenöl
3 El weißer Aceto balsamico
Salz, Pfeffer
40 g frisch gehobelter Parmesan

1. Rinderfilet fest in Klarsichtfolie einrollen, dann in Alufolie wickeln und für 4–5 Stunden in das Gefriergerät legen.

2. Schalotten in feine Streifen schneiden. Knoblauch fein hacken. Petersilienblätter abzupfen und fein hacken. Tomaten überbrühen, abschrecken, häuten, vierteln, entkernen und das Fruchtfleisch in ½ cm große Würfel schneiden. Champignons in dünne Scheiben schneiden.

3. 5 El Olivenöl erhitzen und Schalotten und Knoblauch darin glasig andünsten. Mit Aceto balsamico ablöschen. Vom Herd nehmen und Tomaten und Petersilie zugeben. Mit Salz und Pfeffer würzen. Restliches Olivenöl in einer Pfanne erhitzen und die Champignons darin von beiden Seiten goldbraun braten. Mit Salz und Pfeffer würzen und auf Küchenpapier abtropfen lassen.

4. Das gefrorene Rinderfilet aus der Folie wickeln. Auf der Aufschnittmaschine in 1–2 mm dünne Scheiben schneiden und sofort auf flache Teller legen. Die Pilze gleichmäßig darauf verteilen und mit der Sauce beträufeln. Mit Parmesan bestreuen.

Zubereitungszeit 30 Minuten (plus Gefrierzeit)
Pro Portion 21 g E, 29 g F, 5 g KH = 359 kcal (1506 kJ)

Gorgonzola-Pizza mit Tomaten-Aprikosen-Kompott

Brote aus Roggen- und Weizenmehl sind eine Spezialität des Aosta-Tals. Johann Lafer hat damit den knusprigen Boden für die Pizza gebacken

Für 4 Portionen:

Teig
15 g frische Hefe
Zucker
150 g Mehl
100 g Roggenmehl (Type 1150)
2 El Olivenöl
Salz
60 g getrocknete Tomaten (in Öl)
Mehl zum Bearbeiten
Olivenöl für die Form

Belag
5 Stiele Thymian
1 Zweig Rosmarin
200 g Crème fraîche
1 Eigelb (Kl. M)
Salz, Pfeffer
70 g Gorgonzola

Tomaten-Aprikosen-Kompott
70 g Schalotten
1 Knoblauchzehe
1 rote Chilischote
1 grüne Chilischote
30 g getrocknete Tomaten (in Öl)
60 g getrocknete Aprikosen
150 g Tomaten
3 El Olivenöl mit Zitrone
250 ml Tomatensaft
Salz, Pfeffer
2 Stiele Kerbel für die Dekoration

1. Für den Teig die Hefe mit 2 Prisen Zucker in 150 ml lauwarmem Wasser auflösen. Mehl und Roggenmehl in die Schüssel der Küchenmaschine sieben. Aufgelöste Hefe, Olivenöl und Salz zugeben. Mit den Knethaken der Küchenmaschine zu einem glatten Teig kneten. Zugedeckt 1 Stunde gehen lassen. Die Tomaten gut abtropfen lassen und in feine Würfel schneiden.

2. Für den Belag die Thymianblätter abzupfen. Rosmarinnadeln abstreifen und fein hacken. Mit Crème fraîche, Eigelb, Salz und Pfeffer verrühren. Gorgonzola in 1–2 cm große Stücke schneiden.

3. Für das Kompott Schalotten und Knoblauch in feine Würfel schneiden. Chili längs halbieren, entkernen und in feine Würfel schneiden. Getrocknete Tomaten abtropfen lassen und in feine Streifen schneiden. Aprikosen in ½ cm große Würfel schneiden. Tomaten überbrühen, abschrecken, häuten, vierteln, entkernen und die Viertel nochmals längs halbieren.

4. Unter den aufgegangenen Teig die gewürfelten Tomaten kneten. Teig auf einer bemehlten Arbeitsfläche zu einer Kugel formen, mit der Kuchenrolle auf 30 cm Ø ausrollen. In eine mit Olivenöl dünn ausgepinselte Tarteform (28 cm Ø) legen und den Rand gut andrücken. Den Belag gleichmäßig darauf streichen und mit den Gorgonzolawürfeln bestreuen. Im vorgeheizten Backofen auf der 2. Schiene von unten bei 190 Grad (Gas 2–3, Umluft 180 Grad) 20–25 Minuten goldbraun backen.

5. Für das Kompott das Olivenöl in einer Pfanne erhitzen und Schalotten, Knoblauch und Chili darin andünsten. Mit Tomatensaft auffüllen und kurz aufkochen. Getrocknete Tomaten und Aprikosen zugeben und bei milder Hitze 3–4 Minuten kochen. Tomaten zugeben und das Kompott mit Salz und Pfeffer abschmecken. Beiseite stellen.

6. Die Pizza lauwarm abkühlen lassen. Dann in Tortenstücke schneiden und mit dem Kompott anrichten. Mit Kerbelblättchen dekorieren.

Zubereitungszeit 1 Stunde (plus Ruhezeit für den Teig)
Pro Portion 15 g E, 40 g F, 63 g KH = 678 kcal (2834 kJ)

Pasta, Risotto und Gnocchi

Nudeln, selbst gemacht oder fertig gekauft, Reis und Kartoffeln sind die Basis für Vorspeisen oder sättigende Hauptgerichte, mit denen Italien von Nord bis Süd seine Gäste beglückt. Voller Überraschungen: Johann Lafers Variationen

Mit Liebe selbst gemacht: Pappardelle und Tagliatelle, Tortellini, Ravioli und viele andere Nudelsorten aus Italiens bunter Pasta-Welt

Tagliatelle mit Pilzen und Tintenfischen

Gutes aus Wald und Meer, in Ligurien mit Pasta auf einem Teller vereint

Für 4 Portionen:

Nudelteig

300 g Mehl
2 Eier (Kl. M)
1 Eigelb (Kl. M)
1 El Olivenöl
Salz
Mehl zum Bearbeiten

Fisch und Pilze

500 g frische kleine Tintenfische (z. B. Calamari/Sepia)
400 g Steinpilze
4 Knoblauchzehen
5 Stiele glatte Petersilie
12 El Olivenöl
Salz, Pfeffer
5 El Weißwein
4 El Zitronensaft

1. Für den Nudelteig das Mehl in eine Schüssel sieben und in die Mitte eine Mulde drücken. Eier, Eigelb, Olivenöl, ½ Tl Salz und 1–2 El kaltes Wasser zugeben. Rasch zu einem glatten Teig verkneten. Zu einer Kugel formen und in Frischhaltefolie gewickelt 1 Stunde ruhen lassen.

2. Von den Tintenfischen unter fließend kaltem Wasser die Haut abziehen. Fangarme und Chitinteil aus dem Körperbeutel ziehen; Körperbeutel ebenfalls von innen unter fließend kaltem Wasser säubern. Die Fangarme mit einem scharfen Messer knapp unter den Augen so vom Kopf trennen, dass sie durch einen schmalen Ring verbunden bleiben. Augen entfernen. Die Kauwerkzeuge von unten mit dem Zeigefinger herausdrücken. Körperbeutel quer halbieren.

3. Steinpilze putzen und in ½ cm dicke Scheiben schneiden. Knoblauch fein hacken. Petersilienblätter abzupfen und 10 Blätter beiseite legen; restliche Blätter fein hacken.

4. Nudelteig vierteln, flach drücken und nacheinander 6-mal durch die glatte Walze der Nudelmaschine drehen (Stufe 1–6). Nudelplatten in 30 cm lange Stücke schneiden. Jede Nudelplatte durch die breite Schneidewalze (Schnittbreite 3 mm) drehen. Die Nudeln locker auf eine leicht bemehlte Arbeitsfläche legen.

5. 5 El Olivenöl in einer beschichteten Pfanne erhitzen und die Steinpilze darin goldbraun braten. Mit Salz und Pfeffer würzen und auf eine Platte geben. In der gleichen Pfanne die Tintenfische in 2 Portionen in je 2 El Olivenöl erhitzen, bei starker Hitze mit der Hälfte des Knoblauchs 1–2 Minuten braten. Mit Salz und Pfeffer würzen und zu den Pilzen geben.

6. Die Nudeln in kochendem Salzwasser 1–2 Minuten garen. Nudeln in einem Sieb abtropfen lassen; vom Nudelwasser 5 El abmessen.

7. Restliches Olivenöl in einer großen Pfanne erhitzen und den restlichen Knoblauch darin andünsten. Mit Weißwein und Nudelwasser ablöschen und aufkochen. Nudeln, Tintenfische, Steinpilze und gehackte Petersilie zugeben und gut vermengen. Mit Zitronensaft, Salz und Pfeffer abschmecken. Auf Pasta-Tellern mit Petersilienblättern bestreut sofort servieren.

Zubereitungszeit 2 Stunden (plus Ruhezeit)
Pro Portion 36 g E, 40 g F, 64 g KH = 773 kcal (3234 kJ)

Risotto alla milanese

Von schlichter Raffinesse: der Klassiker aus Mailand, der Hauptstadt der Lombardei

Für 4 Portionen:

70 g Zwiebeln
50 g Butter
400 g Risottoreis (z. B. Vialone oder Carnaroli)
1 Tl Safranfäden
150 ml Weißwein
1 l Rinderfond
Salz, Pfeffer
40 g frisch geriebener Parmesan
etwas gehobelter Parmesan für die Dekoration
1 Stiel Salbei

1. Die Zwiebeln in feine Würfel schneiden. 20 g Butter in einem Topf erhitzen. Zwiebeln zugeben und bei mittlerer Hitze glasig dünsten. Reis und Safran zugeben, kurz andünsten und mit Weißwein ablöschen. Unter Rühren fast völlig vom Reis aufnehmen lassen. Dann ⅓ des heißen Fonds angießen und unter Rühren fast völlig vom Reis aufnehmen lassen, diesen Vorgang noch 2-mal wiederholen, bis der Fond verbraucht ist. Das dauert 18–20 Minuten, dabei immer wieder rühren, damit der Reis nicht ansetzt.

2. Risotto mit Salz und Pfeffer würzen, restliche Butter und geriebenen Parmesan unterrühren. Mit gehobeltem Parmesan und abgezupften Salbeiblättern bestreuen.

Zubereitungszeit 30 Minuten
Pro Portion
15 g E, 16 g F, 80 g KH = 536 kcal (2246 kJ)

Kartoffel-Ricotta-Gnocchi mit Pilzen

In der Pilzsaison ein herzhaftes Alltagsgericht aus dem Trentino

Für 4 Portionen:

1 kg mehlig kochende Kartoffeln
Salz
150 g Ricotta
1 Eigelb (Kl. M)
180–200 g Mehl
Speisestärke zum Bearbeiten
400 g gemischte Pilze (Austernpilze, Pfifferlinge, Champignons)
150 g Zwiebeln
1 Knoblauchzehe
3 Stiele glatte Petersilie
4 El Olivenöl
40 g Butter
Pfeffer
gemahlener Chili
40 g Pecorino im Stück

1. Kartoffeln mit Schale in kochendem Salzwasser 30 Minuten garen. Wasser abgießen. Kartoffeln gut ausdämpfen lassen, dann pellen und noch heiß durch die Kartoffelpresse in eine Schüssel drücken. Ricotta in einem Küchentuch ausdrücken. Eigelb, Ricotta und Mehl zugeben. Mit einem Holzlöffel verrühren und mit den Händen schnell zu einem glatten Teig kneten. Teig vierteln und auf einer mit Stärke bestreuten Arbeitsfläche zu 1 cm dicken Rollen formen. Davon 2 cm lange Stücke abschneiden und diese zu Kugeln formen. Mit den Zinken einer Gabel das typische Gnocchi-Muster in die Kartoffelbällchen drücken.

2. Die Gnocchi in reichlich kochendes Salzwasser geben und kurz aufkochen lassen, dann sofort die Hitze reduzieren und die Gnocchi nur noch leicht kochen lassen. Sobald sie an die Oberfläche steigen (nach ca. 3 Minuten), mit einer Schaumkelle herausheben, abschrecken und in einem Sieb gut abtropfen lassen.

3. Pilze putzen und in 2–3 cm große Stücke schneiden. Zwiebeln halbieren und in feine Streifen schneiden. Knoblauch fein hacken. Petersilienblätter abzupfen und grob hacken.

4. Olivenöl mit der Butter erhitzen und die Pilze kurz anbraten. Dann Zwiebeln und Knoblauch zugeben und alles goldbraun braten. Gnocchi zugeben und mitbraten, bis sie eine leicht goldgelbe Farbe bekommen. Petersilie zugeben und mit Salz, Pfeffer und Chili würzen. Auf Tellern anrichten und mit dünn gehobeltem Pecorino bestreuen.

Zubereitungszeit 2 Stunden
Pro Portion 17 g E, 29 g F, 72 g KH = 625 kcal (2618 kJ)

Tortellini in Rinderbrühe

Die gefüllten Teigtaschen sollen in Bologna erfunden worden sein

Für 4 Portionen:

Nudelteig
300 g Mehl
3 Eier (Kl. M)
1 Eigelb (Kl. M)
Salz
1 El Olivenöl
Mehl zum Bearbeiten

Füllung
40 g Schalotten
1 Knoblauchzehe
4 El Olivenöl
200 g Rinderhack
½ El Tomatenmark
100 ml Rinderfond
6 Stiele glatte Petersilie
60 g frisch geriebener Parmesan
2 Eigelb (Kl. M)
Salz, Pfeffer
800 ml Rinderbrühe

1. Für den Tortellini-Teig Mehl, Eier, Eigelb, Salz und Olivenöl zu einem glatten Teig kneten. In Klarsichtfolie wickeln und 1 Stunde kalt stellen.

2. Für die Füllung Schalotten und Knoblauch in feine Würfel schneiden. Olivenöl in einer Pfanne erhitzen und Schalotten und Knoblauch darin glasig andünsten. Hackfleisch zugeben und bei starker Hitze in 2–3 Minuten braun braten. Tomatenmark zugeben und kurz mitbraten. Fond zugeben und sämig einkochen lassen. In der Zwischenzeit Petersilienblätter abzupfen und grob hacken. Füllung vom Herd nehmen und 50 g Parmesan, 1 Eigelb und die Hälfte der Petersilie zugeben und gut unterrühren. Mit Salz und Pfeffer abschmecken. Abkühlen lassen.

3. Den Nudelteig auswickeln und in 4 gleich große Stücke schneiden. Die Teigstücke ca. 1 cm flach drücken. Jedes Teigstück nacheinander von Stufe 1–6 durch die glatte Walze der Nudelmaschine drehen. Teigplatten auf eine bemehlte Arbeitsfläche legen und mit einem Ausstecher (10 cm Ø) 16 Kreise ausstechen.

4. Restliches Eigelb verquirlen. Auf eine Hälfte der Teigkreise jeweils ½ El Füllung geben und den Rand der anderen Hälfte leicht mit Eigelb einpinseln. Diese Hälfte so über die Füllung klappen, dass ein Halbmond entsteht. Die Ränder fest zusammendrücken. Von den entstandenen Halbmonden die Enden zueinander hinziehen, ein Ende mit etwas Eigelb bepinseln, das andere Ende darüber legen, fest zusammendrücken, so dass die typische Tortelliniform entsteht.

5. Die Rinderbrühe aufkochen. Tortellini gut von vorhandenem Mehl befreien, in die Brühe geben und bei mittlerer Hitze 3–4 Minuten garen. Suppe mit den Tortellini in tiefen Tellern anrichten. Mit dem restlichen Parmesan und der restlichen Petersilie bestreuen.

Zubereitungszeit 1:10 Stunden (plus Kühlzeit)
Pro Portion 32 g E, 35 g F, 60 g KH = 687 kcal (2875 kJ)

Feine Bandnudeln mit Trüffelsauce

Trüffeln sind im Piemont zu Hause und adeln hier die schlichte Pasta

Für 4 Portionen:

150 g Schalotten
1 Knoblauchzehe
20 g Trüffel (frisch oder eingelegt)
3 Stiele glatte Petersilie
3 El Olivenöl
300 ml Weißwein
300 ml Geflügelfond
500 ml Schlagsahne
Salz, Pfeffer
2 El Trüffelöl
400 g Fettuccine

1. Für die Trüffelsauce Schalotten, Knoblauch und Trüffel in feine Würfel schneiden. Petersilienblätter abzupfen und fein hacken.

2. Öl erhitzen und Schalotten und Knoblauch darin glasig andünsten. Wein und Fond zugießen und auf die Hälfte einkochen lassen. 400 ml Sahne zugeben, nochmals auf die Hälfte einkochen. Restliche Sahne steif schlagen und kalt stellen. Sauce mit dem Schneidstab fein pürieren. Mit Salz, Pfeffer und 1 El Trüffelöl abschmecken. ⅔ der gewürfelten Trüffel zugeben. Warm stellen.

3. Die Nudeln in reichlich kochendem Salzwasser bissfest garen. Nudeln in ein Sieb schütten, gut abtropfen lassen und in eine warme Pfanne geben. Restliches Trüffelöl zugeben und unterheben.

4. Die steif geschlagene Sahne mit ⅔ der Petersilie zur Sauce geben. Sauce über die heißen Nudeln gießen und gut vermengen. Einmal aufkochen und in vorgewärmten Pasta-Tellern anrichten. Mit restlichen Trüffelstückchen und restlicher Petersilie bestreuen.

Zubereitungszeit 1 Stunde
Pro Portion 17 g E, 53 g F, 75 g KH = 854 kcal (3579 kJ)

Trüffel-Lasagne mit Endivien-Apfel-Salat

Johann Lafer würzt den Teig mit Trüffelöl und gibt Trüffelsahne, Trüffelscheiben und Fontina-Käse auf die Lasagneplatten: ein umwerfendes Geschmackserlebnis

Für 4 Portionen:

Trüffel-Lasagne

180 g Mehl
50 g Hartweizengrieß
Salz
7 Eigelb (Kl. M)
3 El Trüffelöl
Mehl zum Bearbeiten
250 ml Schlagsahne
Pfeffer
350 g Fontina-Käse
10 g weiche Butter
30 g schwarze Trüffel (frisch oder eingelegt)
50 g Porree (nur das Grüne)
200 ml Olivenöl zum Frittieren

Endivien-Apfel-Salat

2 kleine Köpfe Endiviensalat
Saft von 1 Zitrone
2 Äpfel
10 Kirschtomaten
4 El Apfel-Balsamessig
6 El Olivenöl mit Zitrone
Salz, Pfeffer

1. Für den Nudelteig Mehl, Hartweizengrieß, Salz, Eigelb, 2 El Trüffelöl und 1–2 El kaltes Wasser in einer Küchenmaschine mit Knethaken zu einem glatten Teig verarbeiten. Teig aus der Maschine nehmen, zu einer glatten Kugel formen, in Klarsichtfolie wickeln und 1 Stunde im Kühlschrank ruhen lassen.

2. Dann den Nudelteig in 4 gleich große Stücke schneiden. Teigstücke flach drücken und nacheinander durch die glatte Walze der Nudelmaschine von Stufe 1–6 drehen. Teigbahnen auf eine bemehlte Arbeitsfläche legen und 4 Teigplatten von 30 cm Länge schneiden. Einzeln in kochendem Salzwasser bissfest garen, abschrecken und gut abtropfen lassen.

3. Die Sahne halb steif schlagen, mit Salz, Pfeffer und restlichem Trüffelöl würzen. Käse grob reiben. Eine ofenfeste Form (30x18 cm) dünn mit Butter ausstreichen. 1 Nudelblatt in die Form legen, mit 2–3 El Käse bestreuen, darauf 4 El Trüffelsahne streichen und 5–8 dünne Scheiben Trüffel darüber hobeln. Mit den nächsten 2 Schichten ebenso verfahren. Auf die vierte und letzte Nudelschicht restliche Sahne und restlichen Käse geben (keine Trüffel). Im vorgeheizten Backofen auf der 2. Schiene von unten bei 200 Grad (Gas 3, Umluft 180 Grad) 20–25 Minuten garen.

4. Porreeblätter ablösen, flach auf die Arbeitsfläche legen und mit einem scharfen Küchenmesser waagerecht halbieren. Halbierte Stücke von der schmalen Seite her aufrollen und in 1 mm breite Streifen schneiden. Im 160 Grad heißen Olivenöl 10–20 Sekunden frittieren, mit der Schaumkelle herausnehmen und auf Küchenpapier gut abtropfen lassen.

5. Salat putzen, Blätter in lauwarmem Wasser waschen (löst Bitterstoffe), trockenschleudern und in eine Salatschüssel geben. Zitronensaft mit 1 l kaltem Wasser mischen. Äpfel vierteln, entkernen und in jeweils 4 schmale Spalten schneiden. Spalten in das Zitronenwasser legen. Tomaten halbieren und zu den Salatblättern geben. Äpfel in einem Sieb abtropfen lassen und zum Salat geben. Essig und Olivenöl zugeben. Mit Salz und Pfeffer würzen, vorsichtig vermengen.

6. Lasagne mit den Porreestreifen bestreuen und mit dem Salat servieren.

Zubereitungszeit 1:30 Stunden (plus Ruhezeit)
Pro Portion 38 g E, 93 g F, 65 g KH = 1244 kcal (5210 kJ)

Paprika-Risotto in der Parmesanhippe

Eine rasante Variante des klassischen Risotto milanese

Für 4 Portionen:
50 g Schalotten
1 Knoblauchzehe
40 g Butter
200 g Risottoreis
(z. B. Vialone oder Carnaroli)
150 ml Weißwein
280 ml Geflügelfond
Salz, Pfeffer
180 g frisch geriebener Parmesan
1–2 Tl Speisestärke
70 ml Schlagsahne
400 g rote Paprikaschoten
1 Stiel Basilikum

1. Schalotten und Knoblauch in feine Würfel schneiden. 20 g Butter erhitzen und Schalotten und Knoblauch darin glasig andünsten. Reis zugeben und glasig dünsten. 100 ml Weißwein und 200 ml Fond zugeben. Kurz aufkochen lassen und mit Salz und Pfeffer würzen. Zugedeckt bei milder Hitze 6 Minuten leise kochen lassen und dabei mehrmals umrühren. Vom Herd nehmen und weitere 8 Minuten zugedeckt ziehen lassen. Dann flach auf eine Platte streichen und mit Klarsichtfolie abdecken. Abkühlen lassen.

2. Für die Parmesanhippen 100 g Parmesan mit der Speisestärke gut verrühren. Eine beschichtete Pfanne (20 cm Ø) erhitzen. Jeweils 2–3 El der Parmesanmischung gleichmäßig dünn hineinstreuen. Wenn sie geschmolzen und goldgelb ist, kann man sie wie ein Blatt Papier mit einer Palette aus der Pfanne heben und vorsichtig auf eine umgedrehte Glasschale (10 cm Ø, ca. 6 cm hoch) legen; den Vorgang 3-mal wiederholen. Nach 4–5 Minuten ist die Masse abgekühlt und fest. Nun kann die Hippe von der Glasschale abgehoben werden.

3. Für die Parmesansauce restlichen Weißwein und Sahne auf die Hälfte einkochen lassen. 40 g Parmesan zugeben und unter Rühren schmelzen lassen. Warm stellen.

4. Paprika vierteln, entkernen und in den Entsafter geben. Paprika entsaften und 180–200 ml Saft abmessen. Saft zum restlichen Fond geben und kurz aufkochen lassen. Reis zugeben und bei mittlerer Hitze langsam quellen lassen, bis der Reis die Flüssigkeit fast vollständig aufgenommen hat. Restlichen Parmesan und restliche Butter zugeben und gut verrühren. Hippen auf eine Platte setzen. Risotto gleichmäßig in die Hippen verteilen und eine kleine Mulde in die Mitte des Risotto drücken. In die Mulde jeweils 1–2 El Parmesansauce füllen. Mit abgezupften Basilikumblättern dekorieren.

Zubereitungszeit 1:10 Stunden
Pro Portion 21 g E, 30 g F, 44 g KH = 536 kcal (2245 kJ)

Ravioli mit Wermutbutter

Johann Lafer füllt die Spezialität aus Modena mit Spinat, Hühnerleber und Eigelb

Für 4 Portionen:

Nudelteig

300 g Mehl
3 Eier (Kl. M)
1 Eigelb (Kl. M)
Salz
1 El Olivenöl
Mehl zum Bearbeiten

Füllung

350 g Spinat, Salz
70 g Schalotten
1 Knoblauchzehe
250 g Hühnerleber
20 g Butter
100 ml Schlagsahne
70 g frisch geriebener Parmesan
9 Eigelb (Kl. M)
Pfeffer
Muskatnuss
1 Eiweiß (Kl. M)

Wermutbutter

80 ml Wermut
1 Msp. abgeriebene Zitronenschale (unbehandelt)
4 Stiele glatte Petersilie
6 Stiele Thymian
½ Bund Schnittlauch
80 g kalte Butterwürfel
Salz, Pfeffer
20 g gehobelter Parmesan für die Dekoration

1. Für den Ravioli-Teig Mehl, Eier, Eigelb, Salz und Olivenöl zu einem glatten Teig kneten. In Klarsichtfolie einwickeln und 1 Stunde kalt stellen.

2. In der Zwischenzeit für die Füllung der Spinat putzen, waschen und in kochendem Salzwasser blanchieren. Mit der Schaumkelle herausnehmen und in eiskaltem Wasser abschrecken. Gut ausdrücken, fein hacken und in eine Schale geben. Schalotten und Knoblauch in feine Würfel schneiden. Hühnerleber mit einem scharfen Küchenmesser fein hacken.

3. Butter in einer Pfanne erhitzen, Schalotten, Knoblauch und Hühnerleber darin andünsten. Sahne zugeben und bei mittlerer Hitze breiig einkochen lassen. Dann den Parmesan gut unterrühren, mit 1 Eigelb zum Spinat geben und alles gut verrühren. Mit Salz, Pfeffer und etwas Muskat abschmecken. Abkühlen lassen.

4. Das Eiweiß verquirlen. Den Nudelteig auswickeln und vierteln. Die Teigstücke ca. 1 cm flach drücken. Jedes Teigstück nacheinander von Stufe 1–5 durch die glatte Walze der Nudelmaschine drehen. Teigplatten auf eine bemehlte Arbeitsfläche legen.

5. Füllung in einen Spritzbeutel mit großer Lochtülle füllen. Auf 2 Teigplatten im Abstand von 4 cm 4 Kreise (4–5 cm Ø) spritzen. Restliche Eigelb vorsichtig in die Mitte der Kreise setzen (sie dürfen nicht zerfließen). Die freie Teigfläche um die Spinatkreise dünn mit Eiweiß bepinseln. Die restlichen Teigplatten jeweils deckungsgleich darüber legen. Den Teig um die Füllung und am Rand gut andrücken. Mit einem Ravioli- oder Plätzchenausstecher (12 cm Ø) 8 Ravioli ausstechen. In leicht kochendem Salzwasser 4–6 Minuten garen (das Eigelb darf nicht fest werden).

6. In der Zwischenzeit für die Wermutbutter den Wermut mit der Zitronenschale in einer Pfanne auf die Hälfte einkochen lassen. Petersilien- und Thymianblätter abzupfen und grob hacken. Schnittlauch in feine Röllchen schneiden. Kalte Butterwürfel schnell in den reduzierten Wermut einrühren, so dass eine leichte Bindung entsteht. Kräuter zugeben und mit Salz und Pfeffer würzen.

7. Ravioli vorsichtig mit einer Schaumkelle herausnehmen und in die Wermutbutter geben. Auf flachen Tellern anrichten, mit der Butter beträufeln und mit gehobeltem Parmesan bestreuen.

Zubereitungszeit 2 Stunden (plus Kühlzeit)
Pro Portion 43 g E, 59 g F, 64 g KH = 962 kcal (4031 kJ)

Maccheroni mit Lammragout

Früher wurden sie in den Abruzzen mit Hammel- oder Schaffleisch serviert, heute ist es zartes Lamm

Für 4 Portionen:

800 g Lammkeule (ohne Knochen, küchenfertig)
150 g Schalotten
3 Knoblauchzehen
7 El Olivenöl
Salz, Pfeffer
300 ml Weißwein
500 g Tomaten
2 rote Chilischoten
3 Lorbeerblätter
3 Stiele glatte Petersilie
500 g Maccheroni

1. Das Lammfleisch in 2–3 cm große Würfel schneiden. Schalotten in feine Streifen schneiden. Knoblauch fein hacken. 4 El Olivenöl erhitzen und das Fleisch darin braun anbraten. Mit Salz und Pfeffer würzen. Schalotten und Knoblauch zugeben, kurz mit anbraten und mit Weißwein ablöschen. Bei mittlerer Hitze 10 Minuten leise kochen lassen.

2. In der Zwischenzeit die Tomaten vierteln. Die Chilischoten halbieren, entkernen und in feine Würfel schneiden. Tomaten, Chili und Lorbeerblätter zum Fleisch geben. Mit Salz und Pfeffer würzen. Zugedeckt bei milder Hitze 1 ½–2 Stunden schmoren. Von der Petersilie die Blätter abzupfen und grob hacken.

3. Die Maccheroni in 5 cm große Stücke brechen und in reichlich kochendem Salzwasser bissfest garen. Nudeln abgießen. Restliches Olivenöl in einer Pfanne erhitzen und die Maccheroni darin kurz durchschwenken. Mit Salz und Pfeffer würzen und in einer vorgewärmten Schale anrichten. Lammragout darüber geben und mit Petersilie bestreuen.

Zubereitungszeit 2 Stunden
Pro Portion 58 g E, 30 g F, 91 g KH = 889 kcal (3728 kJ)

Überbackenes Nudel-Muschel-Ragout

Aus Pasta und Muscheln, einer in Ligurien sehr beliebten Kombination, macht Johann Lafer ein raffiniertes Ragout

Für 4 Portionen:

2 kg Vongole (Venusmuscheln)
200 g Zwiebeln
10 Knoblauchzehen
8 El Olivenöl
5 Stiele Thymian
4 El Pernod
700 ml Weißwein
300 g Schalotten
1 rote Paprikaschote
je 1 rote und grüne Chilischote
400 g Tomaten
5 Stiele Estragon
400 ml Schlagsahne
400 g Muschelnudeln
Salz, Pfeffer
50 g kalte Butterwürfel
30 g frisch geriebener Parmesan

1. Muscheln waschen, putzen und nur die geschlossenen Muscheln verwenden. Zwiebeln halbieren und in schmale Streifen schneiden. 5 Knoblauchzehen fein hacken. 3 El Olivenöl erhitzen und Zwiebeln und Knoblauch darin mit dem Thymian andünsten. Mit Pernod ablöschen und mit 500 ml Weißwein auffüllen. Aufkochen lassen und die Muscheln zugeben. Im geschlossenen Topf 4–5 Minuten bei starker Hitze garen. Die Muscheln in ein Sieb schütten, den Muschelsud dabei auffangen. Muscheln leicht abkühlen lassen, das Muschelfleisch aus der Schale lösen (nur die geöffneten Muscheln verwenden).

2. Schalotten und 2 Knoblauchzehen in feine Würfel schneiden. Für die Weißweinsauce 2 El Olivenöl erhitzen und die Hälfte der Schalotten und den Knoblauch darin andünsten. Mit dem restlichen Weißwein ablöschen und mit 300 ml Muschelsud auffüllen. Bei mittlerer Hitze auf die Hälfte einkochen lassen.

3. Für das Muschelragout die Paprika halbieren, entkernen und in ½ cm große Würfel schneiden. Chilischoten längs halbieren, entkernen und in feine Würfel schneiden. Tomaten überbrühen, abschrecken, häuten, vierteln, entkernen und in ½ cm große Würfel schneiden. Estragonblätter abzupfen und 5 Blätter beiseite legen; die restlichen Blätter fein hacken. Sahne zur eingekochten Weißweinsauce geben und bei mittlerer Hitze nochmals um die Hälfte einkochen lassen. Nudeln in reichlich Salzwasser bissfest garen.

4. Restliche Knoblauchzehen fein hacken. Restliches Olivenöl erhitzen, restliche Schalotten und Knoblauchzehen darin andünsten. Paprika, Chili, Tomaten zugeben und kurz mit andünsten. Muschelfleisch und gehackten Estragon zufügen. 5 El Muschelsud zugießen, kurz aufkochen lassen und mit Salz und Pfeffer würzen. Nudeln abgießen, gut abtropfen lassen und mit der Öffnung nach oben in 2 ofenfeste Formen (à 23 cm Ø) legen. Das Muschelragout darüber verteilen.

5. Butterwürfel in die reduzierte Weißweinsauce geben und mit dem Schneidstab untermixen. Sauce über dem Ragout gleichmäßig verteilen und mit Parmesan bestreuen. Unter dem vorgeheizten Backofengrill auf der 2. Schiene von unten bei 230 Grad 3–5 Minuten überbacken, bis der Käse zu schmelzen beginnt. Mit den restlichen Estragonblättern dekorieren.

Zubereitungszeit 2 Stunden
Pro Portion 26 g E, 67 g F, 85 g KH = 1080 kcal (4523 kJ)

Fleisch, Fisch und Geflügel

Ossobuco aus der Lombardei, Bistecca alla pizzaiola aus Neapel, gefüllte Tintenfische aus Sardinien – ein ganzes Füllhorn italienischer Klassiker und Johann Lafers Neuschöpfungen garantieren wunderbare Geschmackserlebnisse!

Knusprige Lammkeule mit Artischocken, Knoblauch, Kartoffeln und Rosmarin: Dieses Frühlingsgericht der Römer ist der Inbegriff italienischer Gastlichkeit

Gebratenes Huhn mit Pizzaiola-Füllung

Von Kampanien aus trat die Tomate ihren Siegeszug durch Italien an. Johann Lafer bereitet eine würzige Tomatenpaste zu und streicht sie dem Huhn unter die Haut

Für 4 Portionen:

Pizzaiola-Füllung

30 g Pinienkerne
200 g Toastbrot
80 ml Milch
150 g Tomaten
70 g Schalotten
3 Knoblauchzehen
40 g getrocknete Tomaten (in Öl)
3 El Olivenöl
1 El Tomatenmark mit Knoblauch
4 Stiele glatte Petersilie
3 Stiele Oregano
Salz, Pfeffer
gemahlener Chili
3 Eigelb (Kl. M)
1 Eiweiß (Kl. M)
1 Maishähnchen (1,5 kg)

Marinade

60 ml Bier
6 El Olivenöl
½ El rosenscharfes Paprikapulver
Salz, Pfeffer

Spargel

750 g grüner Spargel
7 El Olivenöl
Salz, Pfeffer
40 g dünn gehobelter Parmesan

1. Für die Pizzaiola-Füllung die Pinienkerne in einer Pfanne ohne Fett goldbraun rösten. Das Brot entrinden, in 1 cm große Würfel schneiden und in eine Schüssel geben. Milch erwärmen, das Brot darin einweichen. Tomaten überbrühen, abschrecken, häuten, vierteln, entkernen und in 1 cm große Würfel schneiden. Schalotten und Knoblauch fein würfeln. Getrocknete Tomaten in einem Sieb abtropfen lassen und in 2–3 mm große Würfel schneiden.

2. Olivenöl erhitzen und Schalotten und Knoblauch darin glasig dünsten. Tomatenwürfel, getrocknete Tomaten und Tomatenmark zugeben und bei mittlerer Hitze 2–3 Minuten leise kochen lassen. Beiseite stellen. In der Zwischenzeit Petersilien- und Oreganoblätter abzupfen und fein hacken. Kräuter und Pinienkerne unter die Tomatenmasse rühren und mit Salz, Pfeffer und Chili abschmecken. Mit dem Eigelb zum Toastbrot geben und gut vermengen. Abkühlen lassen. Eiweiß mit 1 Prise Salz steif schlagen und unter die Pizzaiola-Masse heben. Mit Salz und Pfeffer gut abschmecken und in einen Spritzbeutel mit mittlerer Lochtülle füllen.

3. Die Haut des Hähnchens von der Halsseite her mit den Fingerspitzen vom Brustfleisch lösen, so dass eine Tasche zum Füllen entsteht. Die Haut an den Keulen ebenfalls lösen; darauf achten, dass die Haut keine Risse und Löcher bekommt. Hähnchen innen mit Salz und Pfeffer würzen. Die Füllung zwischen Haut und Fleisch spritzen, vorsichtig und gleichmäßig verteilen. Die Haut am Halsende mit Holzspießen verschließen. Keulenenden mit Küchengarn zusammen binden.

4. Für die Marinade Bier, Olivenöl, Paprikapulver, Salz und Pfeffer verrühren. Hähnchen mit der Brustseite nach oben auf ein Backblech setzen. Mit der Marinade einpinseln und im vorgeheizten Ofen auf der 2. Schiene von unten bei 180 Grad (Gas 2–3, Umluft 160 Grad) 45–50 Minuten goldbraun braten; dabei immer wieder mit Marinade bestreichen.

5. Vom Spargel die Enden abschneiden, das untere Drittel schälen. Öl in einer großen Pfanne erhitzen und den Spargel nebeneinander in die Pfanne legen. Bei starker Hitze kurz anbraten, salzen und pfeffern und bei mittlerer Hitze 4–5 Minuten zugedeckt garen.

6. Vom Hähnchen Küchengarn und Holzspieße entfernen. Die Keulen abtrennen und das Hähnchen längs halbieren; die Hälften nochmals quer halbieren.
Mit dem Spargel anrichten. Spargel mit dünn gehobeltem Parmesan bestreuen.

Zubereitungszeit 2:10 Stunden
Pro Portion 71 g E, 82 g F, 33 g KH = 1150 kcal (4816 kJ)

Gefüllter Schweinebauch mit Bohnen-Pilz-Salat

Aus Schweinefleisch und Bohnen, klassischen Zutaten in der Toskana, wird bei Johann Lafer diese rustikale Delikatesse

Für 4 Portionen:

Gefüllter Schweinebauch

10 Knoblauchzehen
50 g Schalotten
1 Zweig Rosmarin
8 Stiele Thymian
Salz, Pfeffer
80 g weiche Butter
7 El Olivenöl
1 kg Schweinebauch (küchenfertig, vom Fleischer eine Tasche einschneiden lassen)
700 g Schweinerücken (ohne Haut und Knochen)
200 g Zwiebeln
200 g Möhren
150 g Knollensellerie
150 g Porree
300 g Tomaten
Schale von ½ Zitrone (unbehandelt)
300 ml Weißwein
evtl. etwas Speisestärke

Bohnen-Pilz-Salat

300 g Kenia-Bohnen, Salz
300 g gemischte Pilze (Austernpilze, Champignons)
70 g Schalotten
1 Knoblauchzehe
10 El Olivenöl mit Zitrone
½ Tl Zucker
6 El weißer Aceto balsamico
8 El Fleischbrühe
Pfeffer
16 Kirschtomaten

1. Für die Würzpaste Knoblauch und Schalotten grob hacken. Je 1 El Rosmarinnadeln und Thymianblätter abzupfen, in einen Küchenmixer (z. B. Moulinette) geben, salzen und pfeffern. Butter und 5 El Olivenöl zugeben, fein mixen.

2. Vom Schweinebauch die Schwarte kreuzweise etwa ½ cm tief einschneiden. Schweinerücken salzen und pfeffern, mit ¼ der Würzpaste rundherum einreiben und in die Tasche des Schweinebauches stecken. Mit der restlichen Paste den Bauch rundherum einreiben.

3. Zwiebeln, Möhren, Sellerie und Porree in 2–3 cm große Stücke schneiden. Tomaten vierteln. Zitronenschale in Streifen von der Frucht schneiden. Das restliche Öl in einem Bräter erhitzen und Zwiebeln, Möhren, Sellerie und Porree darin anbraten. Restlichen Rosmarin und Thymian, Tomaten und Zitronenschale zugeben. Schweinebauch mit der Schwarte nach oben auf das Gemüse legen. Im vorgeheizten Ofen auf der 2. Schiene von unten bei 170 Grad (Gas 1–2, Umluft 150 Grad) 1 Stunde, 40 Minuten braten, dabei mehrmals mit dem Bratensaft begießen; nach 40 Minuten den Wein zugießen.

4. Für den Salat die Bohnen putzen, in Salzwasser 4–5 Minuten blanchieren, abschrecken, abtropfen lassen und in eine große Schüssel geben. Pilze putzen und in 2–3 cm große Stücke schneiden. Schalotten in feine Streifen schneiden. Knoblauch fein hacken.

5. 4 El Olivenöl in einer Pfanne erhitzen und die Pilze darin goldbraun anbraten. Schalotten und Knoblauch zugeben, kurz mitbraten und zu den Bohnen geben. Zucker in die Pfanne geben und schmelzen. Mit Essig und Brühe ablöschen und um ⅓ einkochen lassen. Vom Herd nehmen und unter ständigem Rühren mit einem Schneebesen das restliche Olivenöl in dünnem Strahl zugießen. Mit Salz und Pfeffer würzen, zum Salat gießen. Tomaten halbieren, unterheben.

6. Den Bratenfond durch ein Sieb in einen Topf gießen, aufkochen lassen, evtl. mit Speisestärke binden. Braten in Scheiben schneiden, mit dem Salat anrichten. Braten mit dem Fond begießen.

Zubereitungszeit 2:30 Stunden
Pro Portion 88 g E, 121 g F, 11 g KH = 1485 kcal (6220 kJ)

Couscous mit gebratenen Fischfilets

Das arabisch beeinflusste Sizilien lässt grüßen: Safran, Muskat, Zimt und Nelken würzen Hirse und Fisch

Für 4 Portionen:

500 ml Fischfond
1 rote Pfefferschote
1 Tl Safranfäden
300 g Couscous
Salz, Pfeffer
2 Stiele glatte Petersilie
10 El Olivenöl
4 Doradenfilets (à 80 g, mit Haut, küchenfertig)
4 Rotbarbenfilets (à 50 g, mit Haut, küchenfertig)
1 halbierte Knoblauchknolle
1 Zweig Rosmarin
Muskatnuss
gemahlene Nelken
gemahlener Zimt

1. Fischfond erhitzen. Pfefferschote halbieren und mit dem Safran in den kochenden Fischfond geben. Mit 10 El Safran-Fischfond den Couscous anfeuchten und in einen Siebeinsatz geben. Leicht salzen und pfeffern und über den leicht kochenden Fond setzen. Zugedeckt 25 Minuten garen, dabei mehrmals mit einer Gabel auflockern.

2. Petersilienblätter abzupfen und grob hacken. 4 El Olivenöl in einer beschichteten Pfanne erhitzen und die Fischfilets auf der Fleischseite bei mittlerer Hitze 1 Minute braten. Knoblauch und Rosmarin zugeben und den Fisch wenden. Mit Salz und Pfeffer würzen und weitere 2 Minuten auf der Hautseite braten. Couscous mit Muskat, Nelken und Zimt würzen und vom Fond nehmen. Pfefferschotenhälften aus dem Fond entfernen. Restliches Olivenöl langsam im dünnen Strahl in den heißen Fond einrühren, so dass eine leichte Bindung entsteht. Petersilie zugeben.

3. Couscous und Fischfilets auf einer Platte anrichten und mit der Sauce beträufeln.

Zubereitungszeit 50 Minuten
Pro Portion 33 g E, 26 g F, 52 g KH = 580 kcal (2428 kJ)

Bistecca alla pizzaiola

Dieses Gericht ist in einer neapolitanischen Pizzeria entstanden, daher der Name!

Für 4 Portionen:

1,5 kg Tomaten
4 Knoblauchzehen
120 g Schalotten
6 El Olivenöl
1 Tl getrockneter Oregano
Salz, Pfeffer
400 g Maccheroni
4 Rumpsteaks (à 220 g)
50 g Butter
4 Stiele Oregano

1. Tomaten überbrühen, abschrecken, häuten, vierteln, entkernen und grob würfeln. Knoblauch und Schalotten in feine Würfel schneiden. 3 El Olivenöl erhitzen und Knoblauch und Schalotten darin glasig dünsten. Tomaten, getrockneten Oregano, etwas Salz und Pfeffer zugeben und bei mittlerer Hitze 8–10 Minuten kochen, bis eine sämige Sauce entsteht.

2. Die Maccheroni in reichlich kochendem Salzwasser bissfest garen. In der Zwischenzeit das restliche Olivenöl in einer Pfanne erhitzen und die Steaks von beiden Seiten braun anbraten. Mit Salz und Pfeffer würzen. Die Pizzaiola-Sauce um die Rumpsteaks verteilen und das Fleisch zugedeckt bei mittlerer Hitze 6–8 Minuten garen.

3. Butter in einer Pfanne zerlassen. Nudeln abgießen und in der Butter schwenken. Mit Salz und Pfeffer würzen. Steaks aus der Sauce nehmen und auf eine vorgewärmte Platte legen. Die Hälfte der Oreganoblätter abzupfen und in die köchelnde Sauce geben. Nudeln auf flachen Tellern anrichten. Die Steaks schräg halbieren und auf die Nudeln legen. Sauce über Steaks und Nudeln verteilen. Mit den restlichen Oreganoblättern dekorieren.

Zubereitungszeit 1:10 Stunden
Pro Portion 66 g E, 39 g F, 80 g KH = 937 kcal (3936 kJ)

Ossobuco alla milanese

Haxenscheiben oder Schnitzel: Kalbfleisch lieben die Mailänder sehr

Für 4 Portionen:

200 g Zwiebeln
200 g Staudensellerie
3 El Mehl
gemahlener Chili
8 Kalbshaxenscheiben (à 300 g, 3 cm dick)
5 El Olivenöl
Salz, Pfeffer
30 g Butter
200 ml Weißwein
300 ml Rinderfond (oder Kalbsfond)
1 Knoblauchzehe
8 Stiele glatte Petersilie
dünn abgeriebene Schale von 1 unbehandelten Zitrone

1. Zwiebeln und Staudensellerie 3–4 mm groß würfeln. Mehl mit Chili mischen. Die Kalbshaxen darin von beiden Seiten wenden, überschüssiges Mehl abklopfen.

2. Öl in einem Bräter erhitzen. Fleisch in 2 Portionen von beiden Seiten darin goldbraun anbraten. Salzen, pfeffern und herausnehmen. Butter im Bräter erhitzen, Zwiebeln und Sellerie darin andünsten. Mit Wein ablöschen, Fond zugießen. Fleisch darin zugedeckt 1 ½–2 Stunden schmoren, einmal wenden.

3. Für die Gremolata Knoblauch fein würfeln. Petersilienblätter fein hacken, mit Knoblauch und Zitronenschale mischen.

4. Die Hälfte der Gremolata zum fertig gegarten Fleisch geben und vorsichtig in die Sauce rühren. 5 Minuten ziehen lassen. Die andere Hälfte darüber streuen. Ossobuco mit Thymian-Polenta servieren.

Zubereitungszeit 2:30 Stunden
Pro Portion 107 g E, 41 g F, 11 g KH = 852 kcal (3559 kJ)

Thymian-Polenta

Der Maisbrei wird in ganz Norditalien als sättigende Beilage serviert

Für 4 Portionen:

3 Stiele Thymian
Salz
Muskatnuss
150 g Polenta (Maisgrieß)
40 g Butter
50 g frisch geriebener Parmesan

Thymianblätter fein hacken. 750 ml Wasser mit Salz und Muskat aufkochen. Unter ständigem Rühren den Grieß zugeben und 4–5 Minuten bei mittlerer Hitze köcheln lassen, bis sich am Topfboden ein weißer Belag bildet. Butter, Parmesan und Thymian unterheben.

Zubereitungszeit 20 Minuten
Pro Portion 7 g E, 13 g F, 28 g KH = 259 kcal (1085 kJ)

Dorade in der Salzkruste mit Artischocken

Auf Sardinien werden Meeräschen verwendet, hier sind Doraden leichter zu bekommen

Für 4 Portionen:

1 Dorade (1,5 kg, geschuppt und ausgenommen)
100 g Zwiebeln
Pfeffer
1 Zweig Rosmarin
3 Knoblauchzehen
2 kg feuchtes grobes Meersalz

Artischockengemüse

Saft von 1 Zitrone (40 ml)
7 große Artischocken
50 g Schinkenspeck
150 g Schalotten
2 Knoblauchzehen
6 El Olivenöl
½ El Zucker
1 El Tomatenmark mit Olive
10 El weißer Aceto balsamico
250 ml Weißwein
1 Zweig Rosmarin
5 Stiele glatte Petersilie
Salz, Pfeffer

1. Von der Dorade die Flossen mit einer Schere abschneiden. Fisch innen und außen waschen und gut trockentupfen. Zwiebeln in schmale Streifen schneiden. Fisch innen und außen mit Pfeffer würzen. Zwiebeln, Rosmarin und gepellten Knoblauch in die Bauchhöhle stecken. Für die Salzkruste das Meersalz mit 80–100 ml kaltem Wasser verrühren. Auf einem mit Backpapier ausgelegten Backblech ein Salzbett in Größe des Fisches formen. Fisch flach darauf legen und mit dem restlichen Salz abdecken, so dass er vollständig eingehüllt ist. Salzmasse mit den Händen gut andrücken. Im vorgeheizten Backofen auf der 2. Schiene von unten bei 200 Grad (Gas 3, Umluft 180 Grad) 45–50 Minuten garen.

2. Für das Artischockengemüse 500 ml Wasser mit dem Zitronensaft mischen. Von den Artischocken die Stiele am Bodenansatz abbrechen. Mit einem scharfen Sägemesser die äußeren harten Blätter rundherum vom Bodenrand abschneiden, bis der zarte Boden sichtbar wird, dann die verbliebenen inneren Blätter knapp über dem Boden abschneiden. Die am Boden verbliebenen Blattansätze mit einem kleinen scharfen Küchenmesser abschneiden. Das ungenießbare Heu mit einem Esslöffel aus dem Boden schaben. Die Böden jeweils in 8 kleine Tortenstücke schneiden und sofort in das Zitronenwasser legen.

3. Schinkenspeck und Schalotten in feine Streifen schneiden. Knoblauch fein hacken.

4. Artischocken in einem Sieb gut abtropfen lassen und mit Küchenpapier trockentupfen. Olivenöl in einer Pfanne erhitzen und die Artischocken darin bei mittlerer Hitze 2–3 Minuten goldbraun anbraten. Schinkenspeck zugeben, kurz anbraten, dann Schalotten und Knoblauch zugeben und leicht Farbe annehmen lassen. Zucker und Tomatenmark zugeben, mit Essig ablöschen. Weißwein und Rosmarinzweig dazugeben. Zugedeckt bei mittlerer Hitze 5–6 Minuten leise kochen lassen.

5. In der Zwischenzeit die Petersilienblätter abzupfen. 5 Blätter für die Dekoration beiseite legen, die restlichen Petersilienblätter grob hacken. Aus dem Gemüse den Rosmarinzweig entfernen, die gehackte Petersilie zugeben und mit Salz und Pfeffer abschmecken.

6. Dorade aus dem Backofen nehmen und die Salzkruste rundherum mit einem Messer aufklopfen, vorsichtig lösen und abheben. Fischfilets von der Gräte lösen und auf einer Platte mit dem Artischockengemüse anrichten.

Zubereitungszeit 2:10 Stunden
Pro Portion 54 g E, 21 g F, 19 g KH = 491 kcal (2055 kJ)

Grüne Kartoffeltaler mit Pilzragout

Die Gnocchi aus dem Trentino verwandelt Johann Lafer in knusprige Taler

Für 4 Portionen:
800 g mehlig kochende Kartoffeln
Salz
150 g Blattspinat
9 El Olivenöl
120 g Hartweizengrieß
120 g Mehl
3 Eigelb (Kl. M)
Pfeffer
Muskatnuss
Speisestärke zum Bearbeiten
60 g Schinkenspeck
60 g Schalotten
1 Knoblauchzehe
300 g Steinpilze
2 Stiele Thymian
150 g Tomaten
20 g Butter
8 Salbeiblätter

1. Für die Taler die Kartoffeln mit Schale in kochendem Salzwasser 30 Minuten garen. Blattspinat putzen, waschen, in kochendem Salzwasser blanchieren, abschrecken und gut ausdrücken. Spinat in ein hohes schmales Gefäß geben. 1 El Olivenöl zugeben und mit dem Schneidstab fein pürieren.

2. Kartoffelwasser abgießen und die Kartoffeln gut ausdämpfen lassen, pellen und noch heiß durch die Kartoffelpresse in eine Schüssel drücken. Spinat, Grieß, Mehl, Eigelb, Salz, Pfeffer und etwas Muskat zugeben. Mit einem Holzlöffel verrühren und mit den Händen zu einem glatten Teig kneten. Auf einer leicht mit Speisestärke bestreuten Arbeitsfläche zu einer Rolle (6 cm Ø) formen. Die Rolle in 2 cm dicke Scheiben (Taler) schneiden.

3. Für das Ragout den Schinkenspeck in 2–3 mm breite Streifen schneiden. Schalotten und Knoblauch in feine Würfel schneiden. Steinpilze putzen und vierteln. Thymianblätter von den Stielen zupfen. Tomaten überbrühen, abschrecken, häuten, vierteln und entkernen. Tomatenviertel längs halbieren.

4. 4 El Olivenöl in einer Pfanne erhitzen und den Speck darin kurz anbraten. Pilze dazugeben, leicht Farbe annehmen lassen, Schalotten und Knoblauch zufügen und goldbraun braten. Tomaten und Thymian dazugeben. Mit Salz und Pfeffer würzen.

5. Das restliche Olivenöl mit der Butter in einer Pfanne erhitzen. Kartoffeltaler darin von beiden Seiten bei mittlerer Hitze goldbraun braten. 4 Salbeiblätter dazugeben, kurz mitbraten und mit Salz und Pfeffer würzen. Pilze mit den Kartoffeltalern und dem restlichen Salbei servieren.

Zubereitungszeit 2 Stunden
Pro Portion 18 g E, 37 g F, 74 g KH = 704 kcal (2946 kJ)

Gefüllte Kalbsbrust

Eine Spezialität aus Ligurien, die man lauwarm oder kalt genießen kann

Für 8 Portionen:

60 g TK-Erbsen
400 g Hackfleisch vom Kalb
50 g Pinienkerne
150 g Zwiebeln, 5 Knoblauchzehen
4 El Olivenöl
5 Stiele glatte Petersilie
5 Stiele Majoran
2 Eier (Kl. M)
½ Tl gemahlene Steinpilze
60 g frisch geriebener Parmesan
Salz, Pfeffer
1,5 kg Kalbsbrust (ohne Knochen, vom Fleischer zum Füllen eine Tasche einschneiden lassen)
3 l Gemüsebrühe
12 Kirschtomaten
200 g gemischte Blattsalate
4 El weißer Aceto balsamico
6 El Olivenöl mit Zitrone

1. Erbsen auftauen lassen. Hackfleisch in eine Schüssel geben. Pinienkerne in einer Pfanne ohne Fett goldbraun rösten. Zwiebeln und Knoblauch in feine Würfel schneiden. Olivenöl erhitzen und die Zwiebeln und den Knoblauch darin andünsten. Petersilien- und Majoranblätter abzupfen und grob hacken. Erbsen, Pinienkerne, Zwiebeln, Knoblauch, Petersilie, Majoran, Eier, gemahlene Steinpilze und Parmesan zum Kalbshack geben. Alles gut vermengen und mit Salz und Pfeffer abschmecken.

2. Hackmasse in die Öffnung der Kalbsbrust füllen und mit Küchengarn oder Holzspießen verschließen. Brühe in einem Topf kurz aufkochen lassen und die Kalbsbrust hineinlegen. Bei schwacher Hitze 2 Stunden leise kochen lassen.

3. Kalbsbrust herausnehmen, zwischen 2 große Teller legen und den oberen beschweren, damit die Füllung kompakt bleibt. 4 Stunden kalt stellen.

4. Kirschtomaten halbieren und zu den geputzten Blattsalaten geben. Mit Aceto balsamico und Olivenöl beträufeln, leicht salzen und pfeffern und vermengen. Ausgekühlte Kalbsbrust in ½ cm dicke Scheiben schneiden und mit dem Salat servieren.

Zubereitungszeit 2:50 Stunden (plus Kühlzeit)
Pro Portion 52 g E, 36 g F, 5 g KH = 548 kcal (2297 kJ)

Gefüllte Doraden mit Auberginenpüree

Knuspriger Fisch mit Kräutern und Gemüse: Lafers Interpretation sardischer Küche

Für 4 Portionen:

Auberginenpüree

1 kg Auberginen
Salz, Pfeffer
6 El Olivenöl
200 ml Schlagsahne
Muskatnuss
40 g weiche Butter

Kräuter-Vinaigrette

70 g Schalotten
½ Bund Schnittlauch
1–2 Stiele Estragon
5 El weißer Aceto balsamico
4 El Geflügelfond
8 El Olivenöl
Salz, Pfeffer

Doraden

4 Doraden (à 400 g, geschuppt und ausgenommen)
70 g Schalotten
2 Knoblauchzehen
30 g grüne Oliven (ohne Stein)
2 Stiele Thymian
1 Zweig Rosmarin
80 g Toastbrot (entrindet)
1 Eigelb (Kl. M)
2 El Olivenöl mit Zitrone
gemahlener Chili
Salz, Pfeffer
4 El Mehl
6 El Olivenöl
40 g Butter

1. Auberginen längs halbieren und in das Fruchtfleisch längs je 5–6 tiefe Schlitze schneiden. Mit der Hautseite nach unten auf ein Blech legen, salzen, pfeffern und mit dem Öl beträufeln. Im vorgeheizten Backofen auf der 2. Schiene von unten bei 180 Grad (Gas 2–3, Umluft 160 Grad) 30–35 Minuten garen.

2. Sahne erhitzen, mit Salz, Pfeffer und Muskat würzen und bei mittlerer Hitze auf die Hälfte einkochen. Die Butter unterrühren. Das Fruchtfleisch der Auberginen auslösen und zur Sahne geben. Mit dem Schneidstab fein pürieren und mit Salz, Pfeffer und Muskat abschmecken. Warm stellen.

3. Für die Vinaigrette die Schalotten fein würfeln. Schnittlauch in feine Röllchen schneiden. Estragonblätter fein hacken. Aceto balsamico, Fond und Olivenöl verrühren. Schalotten, Schnittlauch, Estragon zugeben und mit Salz und Pfeffer abschmecken.

4. Von den Doraden die Flossen abschneiden. Fische waschen, abtropfen lassen und trockentupfen. Am Rücken entlang auf beiden Seiten 3–4 cm tief einschneiden.

5. Für die Füllung Schalotten, Knoblauch und Oliven fein würfeln. Thymianblätter und Rosmarinnadeln fein hacken. Toastbrot in 1 cm große Würfel schneiden und in eine Schüssel geben. Eigelb vorsichtig unterheben. Schalotten, Knoblauch, Oliven, Thymian, Rosmarin und Olivenöl mit Zitrone zugeben. Alles gut miteinander vermengen und mit Chili, Salz und Pfeffer abschmecken.

6. Füllung in die Einschnitte der Doraden geben. Doraden von beiden Seiten in Mehl wenden, überschüssiges Mehl abklopfen. Olivenöl und Butter in einer großen Pfanne erhitzen und die Doraden darin bei mittlerer Hitze von jeder Seite 4–6 Minuten goldbraun braten, dabei mehrmals mit der Olivenbutter übergießen. Mit Salz und Pfeffer würzen.

7. Fisch auf einer Platte anrichten, mit etwas Vinaigrette beträufeln und mit dem Auberginenpüree servieren. Restliche Vinaigrette extra dazu servieren.

Zubereitungszeit 2 Stunden
Pro Portion 54 g E, 92 g F, 28 g KH = 1151 kcal (4820 kJ)

Rindergulasch alla triestina

Mit Zwiebeln und Paprika: der slawische Einfluss auf die Küche des Friaul

Für 6 Portionen:

Gulasch

100 g Schinkenspeck
800 g Zwiebeln
2 rote Pfefferschoten
1 Zweig Rosmarin
5 Salbeiblätter
30 g Butter
1 kg Rindergulasch (grob gewürfelt)
400 g stückige Tomaten
2 El Tomatenmark
2 Lorbeerblätter
1 El edelsüßes Paprikapulver
Salz, Pfeffer
400 ml Rinderfond

Polenta-Nocken

400 ml Rinderfond
60 g weiche Butter
Salz, Pfeffer
Muskatnuss
200 g Polenta (Maisgrieß)
3 Eier (Kl. M)
2 Eigelb (Kl. M)
6 Salbeiblätter für die Dekoration

1. Für das Gulasch Schinkenspeck und Zwiebeln in feine Würfel schneiden. Pfefferschoten längs halbieren, entkernen und in feine Würfel schneiden. Rosmarinnadeln abstreifen und mit den Salbeiblättern fein hacken.

2. Butter in einem Topf erhitzen und den Schinkenspeck darin goldbraun anbraten. Zwiebeln und Pfefferschoten zugeben und kurz mitbraten. Gulasch mit Tomaten, Tomatenmark, Rosmarin, Salbei und Lorbeer zugeben. Mit Paprika, Salz und Pfeffer würzen. Fond zugeben und zugedeckt bei schwacher Hitze 1 ½ Stunden schmoren lassen.

3. Für die Polenta-Nocken den Fond mit der Butter aufkochen. Mit Salz, Pfeffer und Muskat würzen. Den Grieß unter ständigem Rühren in den Fond einrieseln lassen und so lange rühren, bis sich am Boden ein weißer Belag bildet. Beiseite stellen und 5 Minuten zugedeckt quellen lassen. Eier und Eigelb nach und nach zugeben und glatt rühren. Nochmals zugedeckt 5 Minuten quellen lassen.

4. Mit 2 Esslöffeln Nocken abstechen und in leicht kochendem Salzwasser 5–7 Minuten gar ziehen lassen. Nocken mit einer Schaumkelle herausnehmen, gut abtropfen lassen und mit dem Gulasch auf tiefen Tellern anrichten. Mit Salbeiblättern dekorieren.

Zubereitungszeit 2:20 Stunden
Pro Portion 47 g E, 35 g F, 22 g KH = 591 kcal (2474 kJ)

Kaninchenspieße mit Rosmarinkartoffeln

Zu den feinen umbrischen Berglinsen gesellt Lafer einen knusprigen Spieß

Für 4 Portionen:

Balsamico-Linsen

150 g umbrische Berglinsen (ersatzweise Puy-Linsen)
50 g Schalotten
1 Knoblauchzehe
2 El Olivenöl
½ El Zucker
6–8 El Aceto balsamico
300 ml Geflügelfond
3 Stiele glatte Petersilie
20 g Butter
Salz, Pfeffer

Spieße

8 Kaninchenrückenfilets (küchenfertig)
8 Zweige Rosmarin (ca. 25 cm lang)
½ rote Paprikaschote
½ gelbe Paprikaschote
4 Knoblauchzehen
2 große Schalotten
4 El Olivenöl, 20 g Butter
Salz, Pfeffer

Rosmarinkartoffeln

500 g kleine Kartoffeln
1 Zweig Rosmarin
4 El Olivenöl
20 g Butter
Salz, Pfeffer

1. Für das Linsengemüse die Linsen am besten über Nacht in kaltem Wasser einweichen. Schalotten und Knoblauch in feine Würfel schneiden. Olivenöl in einer Pfanne erhitzen und Schalotten und Knoblauch darin glasig dünsten. Zucker dazugeben, schmelzen lassen. Linsen abtropfen lassen und dazugeben. Mit Aceto balsamico und Fond aufgießen und 15–20 Minuten bei mittlerer Hitze leise kochen lassen. Petersilienblätter abzupfen und fein hacken. Butter und Petersilie zu den fertig gegarten Linsen geben. Mit Salz und Pfeffer abschmecken.

2. Jedes Kaninchenrückenfilet in 4 gleich große Stücke schneiden. Die Rosmarinzweige 20 cm lang spitz abschneiden. An der Spitze ein Büschel Nadeln daran lassen, die übrigen Nadeln abstreifen. Paprika entkernen und in 16 gleich große Stücke schneiden. Knoblauch halbieren, Schalotten längs vierteln. Jeweils 4 Stücke Fleisch abwechselnd mit Paprika, Knoblauch und Schalotten auf die Zweige spießen.

3. Für die Rosmarinkartoffeln die Kartoffeln schälen und längs halbieren. Rosmarinnadeln abstreifen und fein hacken. Olivenöl in einer Pfanne erhitzen und die Kartoffeln darin bei mittlerer Hitze in 12–15 Minuten goldbraun braten.

4. Olivenöl in einer Pfanne erhitzen und die Kaninchenspieße darin von allen Seiten goldbraun anbraten. Butter dazugeben und bei mittlerer Hitze 2–3 Minuten langsam fertig garen. Mit Salz und Pfeffer würzen.

5. Linsengemüse noch einmal erwärmen. Butter und Rosmarin zu den Kartoffeln geben und 2–3 Minuten mitbraten. Mit Salz und Pfeffer würzen. Kaninchenspieße und Kartoffeln auf dem Linsengemüse servieren.

Zubereitungszeit 1:10 Stunden
(plus Einweichzeit)
Pro Portion 35 g E, 40 g F, 45 g KH = 684 kcal (2863 kJ)

Crostata mit Lammragout

Das Lammragout aus den Abruzzen, nicht mit Maccheroni, sondern als Tarte serviert

Für 12 Stücke:

Pie-Teig

5 Stiele glatte Petersilie
4 Stiele Thymian
½ Bund Schnittlauch
200 g Mehl
Salz, Pfeffer
125 g Frischkäse
125 g Butter
etwas weiche Butter und Mehl für die Tarteform
1 Eigelb (Kl. M)
2 El Milch

Lammragout

1 kg Lammkeule (ohne Knochen)
100 g Schalotten
3 Knoblauchzehen
8 El Olivenöl
100 ml Weißwein
200 ml Lammfond
Salz, Pfeffer
1 Msp. gemahlener Sternanis
1 Msp. gemahlener Wacholder
Saft von 1 Zitrone (40 ml)
1 Zweig Rosmarin
2 Stiele Thymian
2 Eier (Kl. M)
150 ml Schlagsahne
abgeriebene Schale von ½ Zitrone (unbehandelt)

1. Für den Teig die Petersilienblätter abzupfen und fein hacken. Thymianblätter abstreifen. Schnittlauch in feine Röllchen schneiden. Kräuter mit Mehl, Salz und Pfeffer mischen. Frischkäse und Butter zugeben. Mit den Knethaken des Handrührers zu einem geschmeidigen Teig verarbeiten. Teig zu einer Kugel formen, in Klarsichtfolie wickeln und 1 Stunde im Kühlschrank ruhen lassen.

2. Für das Lammragout das Lammfleisch von Fett und Sehnen befreien und in 2 cm große Würfel schneiden. Schalotten und Knoblauch in feine Würfel schneiden. Olivenöl erhitzen und das Fleisch darin braun anbraten. Dann Schalotten und Knoblauch zugeben und kurz mitbraten. Mit Weißwein ablöschen und mit Fond auffüllen. Mit Salz, Pfeffer, Sternanis, Wacholder, Zitronensaft, Rosmarinzweig und Thymianstielen würzen. Zugedeckt 1 Stunde schmoren. Rosmarin und Thymian entfernen. Etwas abkühlen lassen.

3. Eier mit Sahne und Zitronenschale verquirlen, zum Ragout geben und gut vermengen. Mit Salz und Pfeffer würzen.

4. Eine Tarteform (26 cm Ø) dünn mit Butter auspinseln und mit Mehl bestäuben. Vom Teig die Folie entfernen und die Hälfte des Teiges auf einer bemehlten Arbeitsfläche auf 30 x 30 cm ausrollen. Form umgedreht auf den Teig legen und im Abstand von 1 cm um den Rand schneiden. Form umdrehen und die ausgeschnittene Teigplatte in die Form legen, so dass der Teigrand etwa ½ cm über den Rand ragt. Teig gut andrücken. Ragout in die Form füllen. Restlichen Teig auf 26 x 24 cm ausrollen und in 12 Streifen von 2 cm Breite und 26 cm Länge schneiden. Eigelb mit der Milch verrühren und die Teigstreifen auf der Oberfläche damit einpinseln. Die Streifen gitterartig über das Ragout legen und am Rand gut andrücken. Überstehenden Teig mit einem Küchenmesser abschneiden.

5. Die Crostata im vorgeheizten Backofen auf der 2. Schiene von unten bei 190 Grad (Gas 2–3, Umluft nicht empfehlenswert) 45 Minuten backen. Heiß servieren.

Zubereitungszeit 2 Stunden
Pro Stück 22 g E, 29 g F, 15 g KH = 408 kcal (1710 kJ)

Seeteufel mit Olivenkruste

Oliven und Olivenöl aus der Toskana veredeln den Fisch und das Gemüseragout

Für 4 Portionen:

Marinade

3 Knoblauchzehen
50 g Schalotten
abgeriebene Schale von
1 Limette (unbehandelt)
3 Zweige Rosmarin
4 Stiele Thymian
Pfeffer
80 ml Olivenöl
1 kg Seeteufel mit Gräte
(küchenfertig)
Salz

Olivenkruste

4 Stiele Thymian
100 g grüne Oliven
(ohne Stein)
4 El Olivenöl
3 El Weißbrotbrösel
Salz, Pfeffer

Gemüseragout

70 g Schalotten
2 Knoblauchzehen
50 g getrocknete Tomaten
(in Öl)
200 g rote Paprikaschoten
200 g gelbe Paprikaschoten
100 g Zucchini
50 g grüne Oliven
(ohne Stein)
3 El Olivenöl
1 El Tomatenmark mit
Würzgemüse
2 El weißer Aceto balsamico
250 g passierte Tomaten
Salz, Pfeffer

1. Für die Marinade Knoblauch in feine Scheiben, Schalotten in feine Streifen schneiden. Knoblauch, Schalotten, Limettenschale, Rosmarin, Thymian und Pfeffer mit dem Olivenöl in einer Schale mischen. Seeteufel darin von allen Seiten wenden und zugedeckt 6 Stunden im Kühlschrank marinieren.

2. Für die Olivenkruste Thymianblätter abstreifen. Mit dem Schneidstab Oliven und Olivenöl zu einer Paste pürieren. Weißbrot, Thymian, etwas Salz und Pfeffer unterrühren und kalt stellen.

3. Für das Gemüseragout Schalotten in feine Würfel, Knoblauch in dünne Scheiben schneiden. Getrocknete Tomaten abtropfen lassen und in 2–3 mm große Würfel schneiden. Paprika längs vierteln, entkernen, mit dem Sparschäler schälen und in 2 cm große Rauten schneiden. Zucchini in ½ cm große Würfel schneiden. Oliven längs halbieren.

4. Seeteufel aus der Marinade nehmen. Marinade durch ein Sieb gießen, das Öl auffangen. Das Öl in einer Pfanne erhitzen und den Seeteufel darin von beiden Seiten goldbraun anbraten. Kräuter, Knoblauch und Schalotten von der Marinade zugeben und kurz mitgaren. Mit Salz und Pfeffer würzen und alles auf ein mit Alufolie belegtes Backblech legen. Im vorgeheizten Backofen auf der 2. Schiene von unten bei 150 Grad (Gas 1, Umluft 10–15 Minuten bei 140 Grad) 15–20 Minuten garen. Dann die Olivenpaste ca. 2 mm dick auf den Seeteufel streichen. Unter dem vorgeheizten Backofengrill auf der 2. Schiene von unten 4–5 Minuten überbacken.

5. Für das Gemüseragout das Olivenöl in einer Pfanne erhitzen. Schalotten, Knoblauch und getrocknete Tomaten zugeben und kurz andünsten. Tomatenmark zugeben, kurz anrösten, mit Aceto balsamico ablöschen und mit passierten Tomaten auffüllen. Bei mittlerer Hitze 3 Minuten leise kochen lassen. Paprika, Zucchini und Oliven zugeben und weitere 2–3 Minuten leise kochen lassen. Mit Salz und Pfeffer abschmecken.

6. Gemüseragout auf einer Platte anrichten. Seeteufel mit einem scharfen Küchenmesser in 3 cm dicke Scheiben schneiden und auf dem Gemüseragout anrichten.

Dazu passt Ciabatta.

Zubereitungszeit 2:20 Stunden (plus Marinierzeit)
Pro Portion 41 g E, 38 g F, 13 g KH = 560 kcal (2347 kJ)

Gefüllte Kalbshaxe

In Scheiben geschnitten ein Klassiker aus der Lombardei, hier entbeint und gefüllt

Für 4 Portionen:
3 Brötchen (vom Vortag)
3 Eier (Kl. M)
100 g Schalotten
3 Knoblauchzehen
50 g grüne Oliven (ohne Stein)
8 Kapernäpfel
5 Stiele glatte Petersilie
1 Stiel Salbei
1 unbehandelte Zitrone
9 El Olivenöl
Salz, Pfeffer
1 große Kalbshaxe (ca. 1,5 kg, Knochen vom Fleischer auslösen und in 2 cm dicke Stücke sägen lassen)
250 g Möhren
200 g Knollensellerie
200 g Porree
1 Zweig Rosmarin
4 Stiele Thymian
400 ml Weißwein

1. Für die Füllung die Brötchen in 2 cm große Würfel schneiden. Mit den Eiern vermengen. Schalotten in Streifen schneiden. Knoblauch fein hacken. Oliven halbieren. Kapernäpfel entstielen und vierteln. Petersilienblätter grob hacken. Salbeiblätter in feine Streifen schneiden. Die Hälfte der Zitronenschale abreiben. Die Zitrone ganz schälen und die Filets zwischen den Trennhäuten herausschneiden.

2. 3 El Olivenöl erhitzen und Schalotten und Knoblauch darin andünsten. Oliven, Kapern, Petersilie, Salbei und Zitronenfilets zugeben, kurz erhitzen, zu den Brötchen geben und unterheben. Salzen und pfeffern. 20 Minuten ziehen lassen.

3. Kalbfleisch flach klopfen, die Innenseite mit Salz und Pfeffer würzen und die Füllung gleichmäßig darauf streichen. Fleisch von der schmalen Seite zu einer Roulade aufrollen. Alufolie (50 x 45 cm) mit 2 El Olivenöl bestreichen und mit Zitronenschale bestreuen. Kalbsrolle darauf setzen, salzen, pfeffern und fest eindrehen. Die Folie mit einer Rouladennadel rundherum einstechen.

4. Möhren und Sellerie schälen und in 2 cm große Würfel schneiden. Porree in 2 cm große Stücke schneiden. Restliches Olivenöl in einem Bräter erhitzen und die Knochen darin goldbraun anbraten. Möhren, Sellerie und Porree zugeben und goldgelb anbraten. Rosmarin und Thymian zugeben. Mit Weißwein ablöschen und das Kalbshaxenpäckchen darauf legen. Im vorgeheizten Ofen auf der 2. Schiene von unten bei 170 Grad (Gas 1–2, Umluft 150 Grad) 1 ½–2 Stunden garen. Fleisch herausnehmen und in der Folie warm stellen. Sauce durch ein Sieb streichen, entfetten und etwas einkochen. Kalbshaxe in 1 cm dicke Scheiben schneiden. Mit der Sauce und Tomaten-Polenta servieren.

Zubereitungszeit 3:20 Stunden (plus Ruhezeit für die Füllung)
Pro Portion 68 g E, 42 g F, 26 g KH = 775 kcal (3242 kJ)

Tomaten-Polenta

Die roten Früchte geben dem Maisbrei Farbe und Aroma

Für 4 Portionen:
4 Stiele glatte Petersilie
150 g Tomaten, 350 ml Rinderfond, 400 g passierte Tomaten (Dose)
1–2 El Tomatenmark mit Knoblauch, Salz, Pfeffer
150 g Polenta (Maisgrieß)
30 g weiche Butter
50 g geriebener Parmesan
50 ml steif geschlagene Sahne

1. Petersilienblätter fein hacken. Tomaten überbrühen, häuten, vierteln, entkernen und in ½ cm große Würfel schneiden.

2. Fond, passierte Tomaten und Tomatenmark aufkochen. Mit Salz und Pfeffer würzen. Maisgrieß unter ständigem Rühren langsam zugeben und bei mittlerer Hitze 4–5 Minuten leise kochen, bis sich am Topfboden ein weißer Belag bildet.

3. Erst Butter und Parmesan, dann Tomaten, Petersilie und Sahne unterheben.

Zubereitungszeit 40 Minuten
Pro Portion 11 g E, 15 g F, 35 g KH = 324 kcal (1360 kJ)

Gebackene Tintenfische mit Kartoffel-Oliven-Püree

Gefüllte Tintenfische kann man auf Sardinien in vielen Variationen genießen

Für 4 Portionen:

Tintenfische

12 kleine Tintenfischtuben (à 50–60 g)
150 g Tomaten
40 g Schalotten
2 El Olivenöl
Salz, Pfeffer
50 g Knollensellerie
100 g Möhren
80 g Zucchini
125 g Mozzarella
1 Stiel Basilikum
50 ml Schlagsahne
2 Eier (Kl. M)
120 g Mehl
½ El rosenscharfes Paprikapulver
150 g Semmelbrösel
Olivenöl zum Frittieren
½ Bund Schnittlauch

Kartoffel-Oliven-Püree

500 g mehlig kochende Kartoffeln
Salz
100 ml Milch
80 g Butter
1–2 Tl schwarze Olivenpaste (Tapenade)
Pfeffer
Muskatnuss

1. Die Tintenfischtuben unter fließend kaltem Wasser säubern und den Chitinstab entfernen. Für die Füllung die Tomaten überbrühen, abschrecken, häuten, vierteln, entkernen und grob schneiden. Schalotten in feine Würfel schneiden. Olivenöl erhitzen und die Schalotten darin glasig andünsten. Tomatenstücke zugeben und bei mittlerer Hitze 3–4 Minuten weich kochen. Mit Salz und Pfeffer würzen und heiß durch ein feines Sieb streichen. Das Tomatenpüree abkühlen lassen.

2. Sellerie und Möhren schälen und in 2–3 mm große Würfel schneiden. Zucchini in 2–3 mm große Würfel schneiden. Gemüsewürfel in kochendem Salzwasser blanchieren, abschrecken und auf Küchenpapier abtropfen lassen. Mozzarella in 3–4 mm große Würfel schneiden. Basilikumblätter abzupfen und in feine Streifen schneiden. Gemüsewürfel, Mozzarella und Basilikum zum Tomatenpüree geben und verrühren. Mit Salz und Pfeffer abschmecken.

3. Gemüsefüllung in einen Spritzbeutel mit großer Lochtülle geben und die Tintenfischtuben damit füllen. Tintenfischtuben mit Holzspießchen verschließen.

4. Sahne steif schlagen. Eier verquirlen und die Sahne unterheben. Mehl und Paprikapulver mischen und auf einen flachen Teller geben. Die Tintenfische darin von allen Seiten wenden, überschüssiges Mehl abklopfen. Dann durch die verquirlten Eier ziehen, in den Semmelbröseln wälzen und diese gut andrücken.

5. Für das Kartoffel-Oliven-Püree die Kartoffeln mit Schale in kochendem Salzwasser 25–30 Minuten kochen. Wasser abgießen und die Kartoffeln gut ausdämpfen lassen. Milch mit der Butter kurz aufkochen. Die heißen Kartoffeln schälen und durch die Kartoffelpresse in die heiße Milch drücken. Olivenpaste zugeben und unterrühren. Mit Salz, Pfeffer und etwas Muskat abschmecken. Warm stellen.

6. Die panierten Tintenfische portionsweise im 160 Grad heißen Olivenöl 2–3 Minuten goldbraun ausbacken. Auf Küchenpapier abtropfen lassen. Schnittlauch in feine Röllchen schneiden. Tintenfische auf flachen Tellern mit dem Oliven-Kartoffel-Püree anrichten. Mit Schnittlauch bestreuen.

Zubereitungszeit 2 Stunden
Pro Portion 45 g E, 60 g F, 72 g KH = 1008 kcal (4223 kJ)

Couscous mit Hähnchen in Orangensauce

Zartes Geflügel, viel Gemüse: Lafers Beigaben zum sizilianischen Couscous

Für 4 Portionen:
200 g Gemüsezwiebel
4 Knoblauchzehen
200 g Kartoffeln
200 g Möhren
je 1 rote und grüne Chilischote
4 El Olivenöl
4 Hähnchenkeulen
Salz, Pfeffer
5 El weißer Aceto balsamico
250 ml Weißwein
250 ml Geflügelfond
350 ml frisch gepresster Orangensaft
300 g Couscous
2 Orangen
5 Stiele glatte Petersilie
150 g Blumenkohl
150 g Broccoli
100 g Zuckerschoten
½ El Zucker
5 El Olivenöl mit Zitrone

1. Gemüsezwiebel halbieren und in feine Streifen schneiden. Knoblauch in feine Würfel schneiden. Kartoffeln und Möhren schälen und in 1 cm große Würfel schneiden. Chilischoten halbieren, entkernen und in sehr kleine Würfel schneiden.

2. Olivenöl in einem Topf erhitzen und die Hähnchenkeulen darin goldbraun anbraten. Mit Salz und Pfeffer würzen. Hähnchenkeulen aus dem Topf nehmen und Zwiebeln und Knoblauch darin andünsten. Kartoffeln, Möhren und Chili zugeben und kurz mit andünsten. Mit Aceto balsamico ablöschen. Mit Weißwein, 100 ml Fond und Orangensaft aufgießen. Hähnchenkeulen zugeben und kurz aufkochen lassen.

3. Restlichen Fond über das Couscous geben und verrühren, bis die Flüssigkeit aufgesogen ist. Couscous mit einer Gabel lockern und in einen Siebeinsatz geben. Einsatz über die Hähnchenkeulen setzen und abdecken. Bei mittlerer Hitze 30–35 Minuten leise kochen lassen.

4. Die Orangen schälen und die Filets aus den Trennhäuten herausschneiden. Petersilienblätter abzupfen und grob hacken. Blumenkohl und Broccoli in Röschen teilen. In kochendem Salzwasser den Blumenkohl 5 Minuten, den Broccoli 2 Minuten blanchieren. In eiskaltem Wasser abschrecken und gut abtropfen lassen. Zuckerschoten putzen und in kochendem Salzwasser 10 Sekunden blanchieren, dann abschrecken und gut abtropfen lassen.

5. Zucker und Olivenöl mit Zitrone in einer Pfanne erhitzen und die Gemüse darin 2 Minuten bei mittlerer Hitze garen. Mit Salz und Pfeffer würzen. Orangenfilets und Petersilie zum Hähnchen geben, vorsichtig unterheben und mit dem Couscous und dem Gemüse anrichten.

Zubereitungszeit 1:30 Stunden
Pro Portion 45 g E, 43 g F, 86 g KH = 936 kcal (3916 kJ)

Gefülltes Kalbskotelett

Die leichte Variante der üppig gefüllten Kalbsbrust aus Ligurien

Für 4 Portionen:

Koteletts

125 g Mozzarella
4 Kalbskoteletts (à 200 g)
4 große Basilikumblätter
50 ml Schlagsahne
2 Eier (Kl. M), Salz, Pfeffer
50 g Mehl
80 g Semmelbrösel
150 g Butterschmalz

Gemüsespaghettisalat

30 g Pinienkerne
70 g Schalotten
1 Knoblauchzehe
200 g Möhren
200 g Rettich
200 g Zucchini
3 El weißer Aceto balsamico
5 El Olivenöl mit Zitrone
Salz, Pfeffer

1. Für die Füllung der Koteletts Mozzarella gut abtropfen lassen, trockentupfen und in 4 Scheiben schneiden. In jedes Kalbskotelett eine Tasche schneiden und je 1 Mozzarellascheibe und 1 Basilikumblatt in die Tasche schieben. Mit Holzspießchen verschließen.

2. Sahne steif schlagen. Eier verquirlen und die Sahne unterheben. Koteletts mit Salz und Pfeffer würzen, in Mehl wenden und das überschüssige Mehl abklopfen. Von beiden Seiten durch die Eimasse ziehen, dann in den Semmelbröseln wälzen und diese gut andrücken.

3. Für den Salat die Pinienkerne in einer Pfanne ohne Fett hellbraun rösten. Schalotten und Knoblauch in feine Würfel schneiden. Möhren und Rettich schälen. Möhren, Rettich und Zucchini auf der Gemüseschneidemaschine zu Spaghetti schneiden, in eine Schale geben. Pinienkerne, Schalotten und Knoblauch zugeben. Mit Aceto balsamico und Olivenöl beträufeln, leicht salzen und pfeffern und alles gut mischen.

4. Kalbskoteletts im 150 Grad heißen Butterschmalz goldgelb ausbacken. Auf Küchenpapier abtropfen lassen, mit dem Salat servieren.

Zubereitungszeit 1 Stunde
Pro Portion 53 g E, 65 g F, 32 g KH = 918 kcal (3848 kJ)

Fisch-Eintopf alla livornese

Gehört zur toskanischen Suppe aus Livorno: mit Knoblauch gewürztes Brot

Für 4 Portionen:

1 kg gemischte Fischfilets und Meeresfrüchte (z. B. Seeteufel, Knurrhahn, Garnelen, kleine Tintenfische)
200 g Zwiebeln
6 Knoblauchzehen
1 rote Chilischote
1 grüne Chilischote
400 g Tomaten
10 Stiele glatte Petersilie
10 El Olivenöl
80 ml Rotwein
500 ml Fischfond
Salz, Pfeffer
4 Scheiben Ciabatta (ersatzweise Weißbrot)

1. Fischfilets waschen, trockentupfen und in 4–5 cm große Stücke schneiden. Garnelen waschen. Tintenfische unter fließend kaltem Wasser gründlich waschen, dabei Kopf und Arme aus dem Körper ziehen und den Chitinstab entfernen. Die Köpfe von den Armen abschneiden und wegwerfen. Tintenfischtuben in 1 cm breite Ringe, Arme (je nach Größe) in 1–2 cm große Stücke schneiden.

2. Zwiebeln und 3 Knoblauchzehen in feine Würfel schneiden. Chilischoten halbieren, entkernen und in feine Würfel schneiden. Tomaten überbrühen, abschrecken, häuten, vierteln und entkernen. Petersilienblätter abzupfen, 4 Blätter beiseite legen, die restlichen Blätter grob hacken.

3. 4 El Olivenöl in einem Topf erhitzen und Zwiebel-, Knoblauch- und Chiliwürfel darin andünsten. Tintenfische zugeben und kurz mitbraten. Mit Rotwein ablöschen. Zugedeckt bei milder Hitze 10 Minuten kochen. Mit Fischfond auffüllen und kurz aufkochen lassen. Fischfilets, Garnelen, Tomaten und Petersilie zugeben. Bei milder Hitze 5 Minuten kochen lassen. Mit Salz und Pfeffer würzen.

4. 4 El Olivenöl in einer Pfanne erhitzen und die Ciabattascheiben darin von beiden Seiten goldbraun braten. Restliche Knoblauchzehen mit dem restlichen Olivenöl zu einer feinen Paste mixen.

5. Ciabattascheiben in 4 tiefe Teller legen und die Paste darauf verteilen. Suppe darüber gießen und mit Petersilienblättern dekorieren.

Zubereitungszeit 1:20 Stunden
Pro Portion 47 g E, 29 g F, 14 g KH = 509 kcal (2135 kJ)

„Speckknödel"-Gugelhupf mit Rahmwirsing

Aus dem klassischen Speckknödel für die Suppe wird ein leckerer, herzhafter Kuchen

Für 8 Portionen:

Gugelhupf

150 ml Schlagsahne
1 Zweig Rosmarin
4 Stiele Thymian
500 g Oliven-Ciabatta
10 Stiele glatte Petersilie
400 g Schinkenspeck
150 g Schalotten
5 Knoblauchzehen
30 g Butter
50 ml Weißwein
5 Eier (Kl. M)
Salz, Pfeffer
Muskatnuss
weiche Butter und
Semmelbrösel für die Form

Rahmwirsing

600 g Wirsing
Salz
50 g Schinkenspeck
100 g Zwiebeln
20 g Butter
50 ml Weißwein
150 ml Brühe
400 ml Schlagsahne
200 g Tomaten
8 Stiele glatte Petersilie
200 g Champignons
4 El Olivenöl
Pfeffer
Muskatnuss

1. Für die Speckknödelmasse Sahne mit Rosmarinzweig und Thymianstielen kurz aufkochen, vom Herd nehmen und 20 Minuten ziehen lassen. Ciabatta in ca. 2 cm große Würfel schneiden und in eine Schüssel geben. Kräuter aus der Sahne nehmen. Sahne über das Brot gießen und das Brot 10 Minuten quellen lassen.

2. Petersilienblätter abzupfen, fein hacken und zum Brot geben. Speck und Schalotten in feine Streifen schneiden. Knoblauch fein hacken. 10 g Butter erhitzen und den Speck darin goldbraun anbraten. Speck zum Brot geben. Restliche Butter erhitzen und Schalotten und Knoblauch darin andünsten, mit Weißwein ablöschen und zum Brot geben. Eier trennen und das Eigelb zum Brot geben. Mit Salz, Pfeffer und Muskat würzen und gut vermengen. Eiweiß mit 1 Prise Salz steif schlagen und nach und nach mit einem Gummispatel unter die Masse heben.

3. Eine Gugelhupfform (2 l Inhalt) dünn mit Butter auspinseln und mit Semmelbröseln ausstreuen. Speckknödelmasse in die Form füllen und dicht mit Alufolie verschließen. Eine Saftpfanne zur Hälfte mit lauwarmem Wasser füllen, Gugelhupf in die Saftpfanne stellen und im vorgeheizten Backofen auf der 2. Schiene von unten bei 160 Grad (Gas 1–2, Umluft nicht empfehlenswert) 50–55 Minuten backen.

4. Für den Rahmwirsing den Strunk aus dem Wirsing keilförmig herausschneiden, die Blätter lösen, dicke Stiele herausschneiden. Blätter in reichlich kochendem Salzwasser blanchieren, abschrecken, gut abtropfen lassen und trockentupfen. Blätter in 2–3 cm breite Streifen schneiden.

5. Speck und Zwiebeln in 2–3 mm große Würfel schneiden. Butter in einem Topf erhitzen und Speck und Zwiebeln darin anbraten. Mit Weißwein ablöschen und mit Brühe und 300 ml Sahne auffüllen, bei mittlerer Hitze auf die Hälfte einkochen lassen. In der Zwischenzeit die Tomaten überbrühen, abschrecken, häuten, entkernen und in 1 cm große Stücke schneiden. Petersilienblätter abzupfen und fein hacken.

6. Champignons vierteln. Olivenöl erhitzen, die Champignons darin goldbraun anbraten. Mit Salz und Pfeffer würzen und die Hälfte der Petersilie zugeben. Wirsing in die eingekochte Sauce geben und mit Salz, Pfeffer und Muskat abschmecken. Restliche Sahne steif schlagen. Tomaten, restliche Petersilie und geschlagene Sahne zum Wirsing geben.

7. Gugelhupf aus der Form lösen und in 16 gleich große Scheiben schneiden. Mit dem Gemüse und den Pilzen servieren.

Zubereitungszeit 2:10 Stunden
Pro Portion 25 g E, 53 g F, 40 g KH = 742 kcal (3116 kJ)

Gefüllte Tintenfische mit Tomaten-Sugo

So kommen sie in Sardinien auf den Tisch: mit Sardellen, Petersilie und Pecorino gefüllt

Für 4 Portionen:

Tintenfische

800 g Tintenfische (à 80–100 g)
Saft von 1 Zitrone (40 ml)
Salz
1 Knoblauchzehe
3 Sardellen
5 Stiele glatte Petersilie
70 g Semmelbrösel
3 Eier (Kl. M)
120 g frisch geriebener Pecorino
2 El Olivenöl, Pfeffer
4 Stiele Kerbel

Tomaten-Sugo

70 g Schalotten
2 Knoblauchzehen
400 g Tomaten
1 Stiel Thymian
1 Stiel Majoran
1 Zweig Rosmarin
2 El Olivenöl
2 El Tomatenmark
2 El Tomatenketchup
Zucker
Salz, Pfeffer

1. Tintenfische unter fließend kaltem Wasser gründlich waschen, dabei Kopf und Arme aus dem Körper ziehen und den Chitinstab sowie die Tintenblase entfernen. Die Köpfe von den Armen abschneiden und wegwerfen. Tintenfischtuben beiseite legen. Arme in 1 cm große Stücke schneiden. 1 l Wasser mit Zitronensaft und Salz aufkochen. Tintenfischarme zugeben und 3 Minuten bei mittlerer Hitze leise kochen lassen. In einem Sieb gut abtropfen und abkühlen lassen.

2. Knoblauch und Sardellen fein hacken und in eine Schale geben. Petersilienblätter abzupfen, grob hacken und mit Tintenfischarmen, Semmelbröseln, Eiern und Pecorino dazugeben. Alles gut mischen. Die Masse in einen Spritzbeutel mit großer Lochtülle geben, die Tintenfischtuben damit füllen und mit Holzspießen verschließen.

3. Eine ofenfeste Form mit Olivenöl auspinseln und die Tintenfische hineinlegen. Mit Salz und Pfeffer würzen und im vorgeheizten Backofen auf der 2. Schiene von unten bei 160 Grad (Gas 1–2, Umluft 140 Grad) 20 Minuten garen. Anschließend abkühlen lassen.

4. Für den Sugo Schalotten und Knoblauch in feine Würfel schneiden. Tomaten überbrühen, abschrecken, häuten, vierteln und entkernen. Thymian- und Majoranblätter und Rosmarinnadeln fein hacken.

5. Olivenöl erhitzen und Schalotten und Knoblauch darin glasig dünsten. Tomaten zugeben und kurz mitbraten. Dann Tomatenmark, Tomatenketchup und die Kräuter zugeben und bei schwacher Hitze 10–15 Minuten leise kochen lassen. Mit Zucker, Salz und Pfeffer würzen.

6. Aus den abgekühlten Tintenfischtuben die Holzspieße entfernen. Tuben schräg halbieren und mit dem Sugo auf flachen Tellern anrichten. Mit abgezupften Kerbelblättern dekorieren.

Dazu passt Ciabatta.

Zubereitungszeit 1:45 Stunden
Pro Portion 52 g E, 28 g F, 28 g KH = 576 kcal (2415 kJ)

Lammschnitzel mit Artischockengemüse

Lammkeule, das römische Nationalgericht, in der alltagstauglichen Schnitzelvariante

Für 4 Portionen:

Artischocken-Bohnen-Gemüse

150 g getrocknete weiße Bohnen
Saft von 1 Zitrone (40 ml)
4 große Artischocken
200 g Tomaten
60 g durchwachsener Speck
80 g Schalotten
2 Knoblauchzehen
1 Zweig Rosmarin
3 Stiele Thymian
3 Stiele glatte Petersilie
8 El Olivenöl mit Zitrone
3 El Wermut
150 ml Geflügelfond
Zucker
Salz, Pfeffer
2 Stiele glatte Petersilie für die Dekoration

Lammschnitzel

120 g durchwachsener Speck
8 Lammschnitzel (à 60 g, aus der Keule)
Salz, Pfeffer
Mehl zum Mehlieren
4 El mittelscharfer Senf
3 Eier (Kl. M)
80 g Semmelbrösel
150 ml Olivenöl zum Braten

1. Für das Gemüse die Bohnen über Nacht in kaltem Wasser einweichen.

2. Am nächsten Tag Bohnen in leicht kochendem Wasser 1 ½ Stunden garen. In ein Sieb schütten und abtropfen lassen. Für die Artischocken ½ l Wasser mit Zitronensaft mischen. Von den Artischocken die Stiele am Bodenansatz abbrechen. Mit einem scharfen Sägemesser die äußeren harten Blätter rundherum vom Bodenrand abschneiden, bis der zarte Boden sichtbar wird. Dann die verbliebenen inneren Blätter knapp über dem Boden abschneiden. Die am Boden verbliebenen Blattansätze mit einem kleinen scharfen Küchenmesser abschneiden. Das ungenießbare Heu mit einem Esslöffel aus dem Boden schaben. Artischockenböden in kleine Tortenstücke schneiden und sofort in das Zitronenwasser legen.

3. Tomaten überbrühen, abschrecken, häuten, vierteln, entkernen und in ½ cm große Würfel schneiden. Speck, Schalotten und Knoblauch in feine Würfel schneiden. Rosmarinnadeln, Thymian- und Petersilienblätter abzupfen und fein hacken.

4. Artischockenstücke in ein Sieb geben und gut abtropfen lassen. 4 El Olivenöl in einer Pfanne erhitzen und die Artischockenstücke darin kurz anbraten. Speck, Schalotten und Knoblauch zugeben und 1–2 Minuten bei mittlerer Hitze mitbraten. Mit Wermut ablöschen und mit Fond auffüllen. Zugedeckt 5 Minuten dünsten. Bohnen zugeben und 3 Minuten leise kochen. Tomaten, Rosmarin, Thymian, Petersilie und restliches Olivenöl zugeben. Mit Zucker, Salz und Pfeffer abschmecken.

5. Für die Lammschnitzel den Speck in sehr feine Würfel schneiden und in einer Pfanne ohne Fett goldbraun braten. Speck abkühlen lassen. Die Lammschnitzel auf ein Arbeitsbrett legen, mit Klarsichtfolie abdecken und auf ½ cm Dicke klopfen.

6. Schnitzel von beiden Seiten mit Salz und Pfeffer würzen. In Mehl wälzen und überschüssiges Mehl abklopfen. Speck in eine kleine Schale geben und mit dem Senf verrühren. Schnitzel auf jeweils einer Seite dünn mit der Speck-Senf-Paste bestreichen. Nochmals im Mehl wenden und überschüssiges Mehl abklopfen. Eier verquirlen. Schnitzel vorsichtig durch die Eier ziehen, etwas abtropfen lassen. In den Semmelbröseln wälzen und die Panade dabei gut andrücken. Olivenöl erhitzen und die Schnitzel darin von beiden Seiten goldbraun ausbacken. Auf Küchenpapier abtropfen lassen. Mit dem Artischocken-Bohnen-Gemüse anrichten. Mit abgezupften Petersilienblättern dekorieren.

Zubereitungszeit 2 Stunden (plus Einweichzeit)
Pro Portion 54 g E, 66 g F, 42 g KH = 976 kcal (4090 kJ)

Gefülltes Kaninchen mit Fenchelgemüse

So liebt man es in Umbrien: am Spieß gebraten oder in der Röhre gegart

Für 4 Portionen:

4 Fenchelknollen
Saft von 1 Zitrone (40 ml)
6 Knoblauchzehen
5 Pfefferkörner
Salz
50 g Salami
150 g Schinkenspeck
1 Zweig Rosmarin
2 Brötchen (vom Vortag)
200 ml Weißwein
1 Ei (Kl. M)
1 Kaninchen (küchenfertig, mit Leber)
Pfeffer
6 El Olivenöl
250 ml Schlagsahne

1. Vom Fenchel das Grün abzupfen und beiseite stellen, Fenchelstiele abschneiden, Knollen putzen. 750 ml Wasser mit Zitronensaft, 4 Knoblauchzehen, Pfefferkörnern und etwas Salz aufkochen. Fenchelknollen und Stiele hineinlegen und bei mittlerer Hitze leise kochen lassen, Stiele nach 5 Minuten und Knollen nach 10 Minuten aus dem Fenchelsud nehmen und in eiskaltem Wasser abschrecken. In ein Sieb geben und abtropfen lassen. Sud beiseite stellen.

2. Für die Füllung 1 Knoblauchzehe in feine Würfel schneiden. Fenchelstiele in ½ cm große Stücke schneiden. Salami und Schinkenspeck in sehr kleine Würfel schneiden. Rosmarinnadeln fein hacken. Brötchen in ca. 1 cm große Würfel schneiden, in eine Schüssel geben und mit 150 ml Weißwein übergießen. 5 Minuten quellen lassen.

3. Knoblauch, Fenchelstiele, Salami, die Hälfte vom Schinkenspeck, Rosmarin und Ei zu den Brötchenwürfeln geben. Kaninchenleber in 1 cm große Würfel schneiden und zugeben. Alles mit Salz und Pfeffer würzen und gut vermengen.

4. Kaninchen mit dem Rücken auf eine Arbeitsfläche legen. Brusthöhle mit Salz und Pfeffer würzen. Bauchlappen zur Seite klappen und in die Brusthöhle die Masse einfüllen. Bauchlappen wieder über die Füllung klappen, mit Küchengarn zunähen oder mit Holzspießchen zustecken. 5 El Olivenöl in einem Bräter erhitzen und das Kaninchen von beiden Seiten goldbraun anbraten. Mit Salz und Pfeffer würzen. 500 ml Fenchelsud zugießen. Das Kaninchen zugedeckt im vorgeheizten Backofen auf der 2. Schiene von unten bei 170 Grad (Gas 1–2, Umluft 150 Grad) 1 Stunde garen, dabei einmal wenden.

5. Fenchelknollen in 1 cm dicke Scheiben schneiden. Kaninchen aus dem Bräter nehmen und in den umgedrehten Deckel legen. Mit Alufolie abdecken und warm stellen. Zum Bratensud (ca. 450 ml) im Bräter restlichen Weißwein und die Sahne geben und auf die Hälfte einkochen lassen.

6. Restliche Knoblauchzehe in dünne Scheiben schneiden. Restliches Olivenöl in einer Pfanne erhitzen und den restlichen Schinkenspeck darin goldbraun anbraten. Knoblauch und Fenchelscheiben zugeben. Die reduzierte Sauce im Bräter mit dem Schneidstab kurz aufschäumen und über das Gemüse geben. Fenchelgrün dazugeben, mit Salz und Pfeffer würzen.

7. Vom Kaninchen die Schultern und Keulen abschneiden und im Gelenk halbieren. Kaninchen mit einem scharfen Sägemesser in 3 cm dicke Scheiben schneiden. Das Fleisch mit dem Fenchelgemüse auf einer Platte anrichten.

Zubereitungszeit 2:20 Stunden
Pro Portion 80 g E, 57 g F, 25 g KH = 945 kcal (3954 kJ)

Gulasch-Polenta-Lasagne

Das friulische Gulasch wird neu und raffiniert in Polentascheiben gebettet

Für 4–6 Portionen:

Polenta

600 ml Rinderfond
Salz, Pfeffer
Muskatnuss
250 g Polenta (Maisgrieß)
80 g Zwiebeln
3 Stiele Thymian
5 Salbeiblätter
3 El Olivenöl
150 g frisch geriebener Parmesan
50 g Butter

Gulasch

500 g mageres Rindfleisch (aus der Keule)
350 g Schalotten
3 Knoblauchzehen
100 g Möhren
100 g Staudensellerie
3 El Olivenöl
3 El weißer Aceto balsamico
2 El Tomatenmark
400 g stückige Tomaten
150 ml Weißwein
450 ml Rinderfond
2 El edelsüßes Paprikapulver
Salz, Pfeffer
je 1 rote und gelbe Paprikaschote
je 1 rote und grüne Chilischote
100 g Champignons
1 Zweig Rosmarin
80 g frisch geriebener Parmesan
2 Stiele glatte Petersilie

1. Für die Polenta den Fond aufkochen. Mit Salz, Pfeffer und Muskat würzen. Maisgrieß unter ständigem Rühren langsam einrieseln lassen und bei mittlerer Hitze unter ständigem Rühren 2–3 Minuten garen. Beiseite stellen und abgedeckt 15 Minuten quellen lassen.

2. Zwiebeln in feine Würfel schneiden. Thymianblätter abzupfen und mit den Salbeiblättern fein hacken. Olivenöl erhitzen und die Zwiebel darin andünsten. Thymian und Salbei zugeben und mit Parmesan und Butter unter die Polentamasse rühren. Polentamasse in eine mit Klarsichtfolie ausgelegte Terrinenform (1 l Inhalt, Länge 27 cm) füllen, mit Klarsichtfolie abdecken und 2 Stunden kalt stellen.

3. In der Zwischenzeit für das Gulasch das Rindfleisch in 1 cm große Würfel schneiden. Schalotten und Knoblauch in feine Würfel schneiden. Möhren schälen und in 3–4 mm große Würfel schneiden. Staudensellerie entfädeln und in 3–4 mm große Würfel schneiden.

4. Olivenöl in einem Topf erhitzen und das Rindfleisch darin braun anbraten. Schalotten, Knoblauch, Möhren und Staudensellerie zugeben und anbraten. Mit Aceto balsamico ablöschen. Tomatenmark, Tomaten, Weißwein und Fond zugeben. Mit Paprikapulver, Salz und Pfeffer würzen. Offen bei mittlerer Hitze 1 ½–2 Stunden leise kochen lassen.

5. In der Zwischenzeit Paprika vierteln, entkernen, schälen und in 1 cm große Würfel schneiden. Chili längs halbieren und in feine Würfel schneiden. Champignons in dünne Scheiben schneiden. Rosmarinnadeln abstreifen und fein hacken.

6. Paprika, Chili, Champignons und Rosmarin in das fertige Gulasch geben, 3 Minuten mitgaren und mit Salz und Pfeffer abschmecken.

7. Polenta aus der Form lösen, aus der Folie wickeln und längs in acht ½ cm dicke Scheiben schneiden. In eine ofenfeste Form (27 x 24cm) abwechselnd Polentascheiben, Gulasch und etwas Parmesan geben. So lange schichten, bis alles verbraucht ist. Mit dem restlichen Parmesan bestreuen und im vorgeheizten Ofen auf der 2. Schiene von unten bei 170 Grad (Gas 1–2, Umluft 150 Grad) 20 Minuten backen.

8. Petersilienblätter abzupfen und grob hacken. Polenta-Lasagne mit der Petersilie bestreuen.

Zubereitungszeit 2:40 Stunden
Pro Portion (bei 6 Portionen) 39 g E, 35 g F, 41 g KH = 640 kcal (2678 kJ)

Milchlammkeule mit Rosmarin und Knoblauch

Schlechthin das Frühlingsgericht der Römer

Für 4 Portionen:

2 Milchlammkeulen (à 1 kg)
Salz, Pfeffer
5 El Olivenöl
400 ml Rotwein
1 kg fest kochende Kartoffeln
250 g Zwiebeln
4 Knoblauchzehen
3 Zweige Rosmarin

1. Die Lammkeulen von Fett und Sehnen befreien. Mit Salz und Pfeffer würzen. Olivenöl in einem Bräter erhitzen und die Keulen darin von allen Seiten goldbraun anbraten. Mit Rotwein ablöschen und im vorgeheizten Backofen auf der 2. Schiene von unten bei 150 Grad (Gas 1, Umluft 130 Grad) 1 Stunde braten, dabei mehrmals begießen.

2. Kartoffeln schälen und längs vierteln. Zwiebeln und Knoblauch in feine Würfel schneiden. Kartoffeln, Zwiebeln, Knoblauch und Rosmarin nach 30 Minuten Garzeit um die Lammkeulen verteilen und mitgaren, dabei mehrmals mit dem austretenden Fleischsaft begießen.

3. Lammkeulen mit den Kartoffeln und der Sauce auf einer Platte anrichten.

Zubereitungszeit 1:30 Stunden
Pro Portion 77 g E, 28 g F, 34 g KH = 723 kcal (3029 kJ)

Arista mit lauwarmem Tomaten-Bohnen-Ragout

Der gebratene Schweinerücken gehört zur Toskana wie der Arno zu Florenz

Für 4 Portionen:

Tomaten-Bohnen-Ragout

300 g getrocknete weiße Bohnen
70 g Schalotten
2 Knoblauchzehen
je 1 rote und grüne Chilischote
450 g Tomaten
5 Stiele glatte Petersilie
5 El Olivenöl
1 El Tomatenmark
Zucker
8 El Geflügelfond
8 El weißer Aceto balsamico
Salz, Pfeffer

Arista

3 Knoblauchzehen
2 Zweige Rosmarin
Salz, Pfeffer
10 El Olivenöl
2 kg Schweinecarré mit Knochen (Fleisch im Stück auslösen lassen, auch den Knochen mitgeben lassen)
800 g kleine mehlig kochende Kartoffeln
1 Stiel glatte Petersilie

1. Für das Tomaten-Bohnen-Ragout die Bohnen über Nacht in kaltem Wasser einweichen.

2. Das Einweichwasser abgießen. Bohnen mit frischem Wasser bei mittlerer Hitze 1–1 ½ Stunden leise kochen lassen, bis sie weich sind. In der Zwischenzeit Schalotten und Knoblauch in feine Würfel schneiden. Chili entkernen und in feine Würfel schneiden. Tomaten überbrühen, abschrecken, häuten, vierteln, entkernen und in ½ cm große Würfel schneiden. Petersilienblätter abzupfen und fein hacken. Bohnen in ein Sieb schütten und abtropfen lassen.

3. Olivenöl erhitzen und Schalotten und Knoblauch darin andünsten. Tomatenmark und 1 Prise Zucker zugeben und ½ Minute mitrösten. Mit Fond und Essig ablöschen und einmal aufkochen lassen. Warme Bohnen, Chili und Tomaten zugeben und mit Salz und Pfeffer abschmecken. Petersilie zugeben.

4. Während die Bohnen kochen, für die Würzmischung des Arista die Knoblauchzehen fein hacken. Von den Rosmarinzweigen 1 El Nadeln abzupfen und fein hacken. Knoblauch und gehackten Rosmarin salzen und pfeffern und mit 5 El Olivenöl verrühren. Das Fett vom Schweinecarré mit einem scharfen spitzen Messer 3–4 mm tief einschneiden. Fleisch salzen und pfeffern. Fleisch rundherum mit der Würzmischung einreiben und mit der eingeschnittenen Seite nach oben auf den Knochen legen. Die restlichen Rosmarinzweige auf das Fleisch legen und alles mit Küchengarn auf dem Knochen festbinden. Das restliche Olivenöl erhitzen und den Braten mit der Fleischseite nach oben in den Bräter setzen. Im vorgeheizten Backofen auf der 2. Schiene von unten bei 170 Grad (Gas 1–2, Umluft 150 Grad) 1 ½ Stunden braten.

5. Inzwischen Kartoffeln schälen und längs halbieren; nach 45 Minuten Garzeit die Kartoffeln zum Braten geben und die restlichen 45 Minuten mitgaren, dabei mehrmals Braten und Kartoffeln mit dem austretenden Fleischsaft begießen. Schweinecarré vom Knochen nehmen und in 1 cm dicke Scheiben schneiden. Mit den Kartoffeln und dem Tomaten-Bohnen-Ragout auf einer Platte anrichten. Mit abgezupften Petersilienblättern dekorieren.

Zubereitungszeit 3 Stunden (plus Einweichzeit)
Pro Portion 102 g E, 58 g F, 61 g KH = 1182 kcal (4958 kJ)

Fonduta

Aus dem Aosta-Tal: die italienische Version des Schweizer Fondues, zubereitet mit Fontina-Käse, der berühmtesten Spezialität dieser Region

Für 4 Portionen:

500 ml Milch
400 g Fontina-Käse
4 Eigelb (Kl. M)
Salz, Pfeffer
50 g Butter
1 Roggenbrot (ca. 300 g)

1. 400 ml Milch über dem kochenden Wasserbad erhitzen. Käse entrinden, grob raffeln und nach und nach in die heiße Milch geben. Mit einem Holzlöffel so lange rühren, bis der Käse geschmolzen ist und eine cremige Sauce entsteht.

2. Restliche Milch lauwarm erwärmen und mit dem Eigelb verrühren. Mit Salz und Pfeffer würzen. Unter ständigem Rühren nach und nach in die Käsesauce rühren. So lange rühren, bis eine cremig-dickliche Konsistenz entsteht. Dann die Butter unterrühren und in einen Fondue-Topf umfüllen. Mit in Würfel geschnittenem Roggenbrot servieren.

Zubereitungszeit 30 Minuten
Pro Portion 38 g E, 53 g F, 39 g KH = 782 kcal (3278 kJ)

Dolce – das süße Finale

Apfelstrudel aus dem Trentino? Knusprige Fritole aus Venedig? Oder doch lieber Cannoli alla siciliana? Aus dem reichen Schatz italienischer „dolce“ hat Johann Lafer seine Favoriten ausgewählt und durch eigene – köstliche! – Kreationen ergänzt

Frisches Obst der Saison: für italienische Genießer die einfachste und schnellste Art, mit einem vitaminreichen „dolce“ eine Mahlzeit auf das Angenehmste zu beschließen.

Ricotta-Törtchen mit Himbeeren

Fruchtige Verführung aus Blätterteig, Frischkäse und frischen Früchten

Für 6 Stück:

6 Platten TK-Blätterteig (à 12 x 12 cm)
½ Vanilleschote
200 ml Milch
25 g Butter
1 Ei (Kl. M)
100 g Ricotta
20 g Speisestärke
Salz, 50 g Zucker
80 g Himbeeren
6 Minzeblätter
Puderzucker zum Bestäuben
50 ml Himbeersauce (Fertigprodukt)
50 ml Vanillesauce (Fertigprodukt)
Hülsenfrüchte zum Blindbacken

1. Blätterteigplatten nebeneinander legen und auftauen lassen. Teigplatten in 6 Metallringe (à 8 cm Ø) drücken und am Rand und Boden gut andrücken. Den Boden mit einer Gabel mehrmals einstechen. 6 Stück Alufolie (à 20 x 20 cm) auf den Blätterteig legen und gut andrücken, bis zum Rand mit Hülsenfrüchten füllen. Im vorgeheizten Backofen auf der 2. Schiene von unten bei 220 Grad (Gas 3–4, Umluft 200 Grad) 12–15 Minuten blindbacken. Etwas abkühlen lassen, dann Hülsenfrüchte und Alufolie entfernen.

2. Für die Creme die Vanilleschote aufschlitzen und das Mark herauskratzen. Milch und Butter mit Vanilleschote und -mark aufkochen und beiseite stellen. Ei trennen und das Eiweiß kalt stellen. Ricotta, Eigelb und Speisestärke mit den Quirlen des Handrührers verrühren. Vanilleschote aus der Milch nehmen, Milch unter ständigem Rühren zur Ricottamasse geben. In einen Topf füllen und unter ständigem Rühren cremig-dicklich aufkochen. Durch ein feines Sieb in eine Schüssel streichen. Abkühlen lassen.

3. Eiweiß und 1 Prise Salz mit den Quirlen des Handrührers halb steif schlagen. Nach und nach den Zucker einrieseln lassen und so lange weiterschlagen, bis der Zucker sich gelöst hat und der Eischnee fest ist. Eischnee mit einem Teigschaber nach und nach unter die Ricottamasse heben. Masse in einen Spritzbeutel mit großer Lochtülle füllen. Die Creme bis 1 cm unter den Rand in den Blätterteig spritzen. Himbeeren zur Hälfte in die Creme drücken. Im vorgeheizten Backofen auf der 2. Schiene von unten bei 170 Grad (Gas 1–2, Umluft 150 Grad) 15–20 Minuten backen. Etwas abkühlen lassen und aus den Ringen lösen. Mit je 1 Minzeblatt dekorieren und mit Puderzucker bestäuben. Mit Himbeer- und Vanillesauce servieren.

Zubereitungszeit 1:10 Stunden (plus Kühlzeiten)
Pro Stück 7 g E, 20 g F, 41 g KH = 375 kcal (1573 kJ)

Gefüllte Schokoladenterrine

Dem Zuccoto aus Umbrien nachempfunden: mit Haselnusscreme gefüllter Biskuit

Für 10 Stücke:

Schokoladenbiskuit

25 g Butter
3 Eier (Kl. M)
75 g Zucker
70 g Mehl
15 g Kakaopulver
Zucker zum Bestreuen

Haselnusscreme

100 g gehackte Haselnusskerne
250 ml Milch
4 Blatt weiße Gelatine
3 Eigelb (Kl. M)
80 g Zucker
3 El Haselnusslikör (ersatzweise Mandellikör)
200 ml Schlagsahne
1 Eiweiß (Kl. M)
Salz
1 reife Mango (450 g)
Puderzucker zum Bestreuen

1. Für den Biskuit die Butter zerlassen und beiseite stellen. Eier und Zucker in einer Küchenmaschine mit Schneebesen cremig-schaumig aufschlagen. Mehl und Kakao dazusieben und mit einem Gummispatel vorsichtig unterheben. Dann die Butter unterheben.

2. Die Biskuitmasse auf ein mit Backpapier belegtes Backblech (39 x 29 cm) gießen und gleichmäßig verstreichen. Im vorgeheizten Backofen auf der 2. Schiene von unten bei 180 Grad (Gas 2–3, Umluft 160 Grad) 10–12 Minuten backen. Den noch warmen Biskuit auf ein mit Zucker bestreutes Küchentuch legen und 30 Minuten abkühlen lassen. Eine Terrinenform (750 ml Inhalt) mit Klarsichtfolie auslegen. Backpapier vorsichtig vom Biskuit abziehen. Biskuit auf die Größe der Form zurechtschneiden und in die Form legen.

3. Für die Haselnusscreme die Haselnüsse in einer Pfanne ohne Fett goldbraun rösten. 80 g Haselnüsse mit der Milch kurz aufkochen, beiseite stellen und 30 Minuten ziehen lassen. Gelatine in kaltem Wasser einweichen. Haselnussmilch durch ein Sieb in einen Schlagkessel gießen und mit Eigelb und 60 g Zucker über dem kochenden Wasserbad cremig-dicklich aufschlagen. Dann die ausgedrückte Gelatine zugeben und unter Rühren auflösen. Die Masse auf Eiswasser weiterrühren, bis sie leicht zu gelieren beginnt. Likör zugeben und unterrühren.

4. Sahne steif schlagen und mit einem Gummispatel vorsichtig unter die Masse heben. Eiweiß mit 1 Prise Salz aufschlagen, dann nach und nach den restlichen Zucker einrieseln lassen und zu steifem Schnee schlagen. Eischnee vorsichtig unter die Haselnussmasse heben. Creme bis ½ cm unter den Rand in die Terrinenform füllen. Mit 1 Streifen Biskuit dicht abdecken. Mit Klarsichtfolie abdecken und für 4 Stunden kalt stellen.

5. Mango schälen und das Fruchtfleisch vom Stein schneiden. Mango in 2–3 mm dünne Scheiben schneiden. Biskuit aus der Form lösen und die Folie entfernen. Biskuit in 2 cm dicke Scheiben schneiden, mit den Mangoscheiben anrichten. Mit restlichen Haselnüssen und Puderzucker bestreuen.

Zubereitungszeit 1:30 Stunden (plus Kühlzeiten)
Pro Stück 8 g E, 19 g F, 32 g KH = 337 kcal (1413 kJ)

Cannoli alla siciliana

In Sizilien waren sie früher ein süßes Geschenk für Freunde und Verwandte

Für 12 Stück:

Teig
50 g weiche Butter
50 g Zucker
3 Eier (Kl. M)
50 ml Weißwein
2 Pk. Vanillezucker
Salz
300 g Mehl
Mehl zum Bearbeiten
500 g Butterschmalz oder Pflanzenöl zum Frittieren

Füllung
500 g Ricotta
80 g Zucker
2 Pk. Vanillezucker
2 El Orangenblütenwasser
50 g Bitterschokolade
50 g Orangeat
50 g Zitronat
40 g kandierte Engelwurz (Angelika)
50 g kandierte Kirschen
Puderzucker zum Bestreuen

1. Für den Teig Butter und Zucker mit den Quirlen des Handrührers schaumig rühren. 2 Eier, Wein, Vanillezucker und 1 Prise Salz unter ständigem Rühren zugeben. Dann nach und nach das Mehl zugeben und mit den Knethaken des Handrührers 5 Minuten kneten, bis ein glatter, geschmeidiger Teig entsteht. Teig in Frischhaltefolie wickeln und für 3 Stunden kalt stellen.

2. Teig aus der Folie wickeln und auf einer bemehlten Arbeitsfläche 2 mm dünn auf ca. 48 x 36 cm ausrollen. Teigplatte in 12 Quadrate von 12 x 12 cm schneiden. Das restliche Ei trennen, das Eigelb verquirlen. Metallrohre (oder Holzstiele mit Alufolie umwickelt) von 15 cm Länge und 2 cm Ø diagonal auf jede Teigplatte legen. Die gegenüberliegende Teigecke dünn mit Eigelb einpinseln, die Teigplatte aufrollen und an der mit Eigelb eingepinselten Teigecke leicht andrücken. Jeweils 3 oder 4 Röllchen auf einmal herstellen. Teigröllchen in das 160 Grad heiße Fett geben und darin in 3–4 Minuten goldgelb ausbacken, dabei einmal wenden. Auf Küchenpapier abtropfen lassen. Wenn die Röllchen vollkommen abgekühlt sind, die Holzstiele vorsichtig lösen und herausziehen.

3. Für die Füllung den Ricotta in einem Küchentuch gut ausdrücken. Zucker, Vanillezucker und Orangenblütenwasser zugeben und gut verrühren. Schokolade mit einem großen Küchenmesser fein hacken. Orangeat, Zitronat, Engelwurz und Kirschen fein würfeln. Schokolade und kandierte Früchte zum Ricotta geben und gut verrühren. In einen Spritzbeutel mit großer Lochtülle geben und die Cannoli von beiden Seiten damit füllen. Auf einer Platte anrichten und mit Puderzucker bestreuen.

Zubereitungszeit 1 Stunde (plus Kühlzeit)
Pro Stück 7 g E, 20 g F, 49 g KH = 406 kcal (1699 kJ)

Bratapfel-Parfait mit Schokoladenschaumsauce

Aus der Füllung für den Trentiner Strudel macht Lafer ein elegantes Parfait

Für 10 Portionen:

Bratapfel-Parfait
5 säuerliche Äpfel (à 150 g, z.B. Boskop oder Elstar)
2 Zimtstangen
1 El Rosinen
1 El geschälte Mandeln
4 El brauner Rum
5 El Ahornsirup
60 ml Weißwein
20 g Butter
3 Eigelb (Kl. M)
80 g Zucker
80 ml Apfelsaft
200 ml Schlagsahne
4 El Calvados
Schokoladenraspel zum Bestreuen

Schokoladenschaumsauce
4 Eigelb (Kl. M)
60 g Zucker
½ El Kakaopulver
200 ml Milch

1. Für das Bratapfel-Parfait bei 4 Äpfeln das Kerngehäuse ausstechen. Zimtstangen halbieren. Äpfel auf ein Backblech setzen und in die Apfelöffnung je ½ Zimtstange stecken; Rosinen und Mandeln dazugeben. Rum, 3 El Ahornsirup und Weißwein über die Äpfel gießen. Im vorgeheizten Backofen auf der 2. Schiene von unten bei 200 Grad (Gas 3, Umluft 180 Grad) 25–30 Minuten braten. Anschließend alles durch die Flotte Lotte streichen und abkühlen lassen.

2. Restlichen Apfel schälen, vierteln, entkernen und in ½ cm große Würfel schneiden. Butter in einer Pfanne schmelzen und die Apfelwürfel darin kurz andünsten. Mit dem restlichen Ahornsirup ablöschen und beiseite stellen. Abkühlen lassen.

3. Eigelb mit Zucker und Apfelsaft über dem kochenden Wasserbad 4–5 Minuten cremig-dicklich aufschlagen. Dann vom Wasserbad nehmen, in einen kalten Schlagkessel füllen und in einem kalten Wasserbad mit den Quirlen des Handrührers auf mittlerer Stufe 6–8 Minuten kaltschlagen. Sahne steif schlagen. Bratapfelmus mit kalten Apfelwürfeln und Calvados unter die aufgeschlagene Masse rühren. Sahne mit einem Gummispatel nach und nach unterheben. Parfaitmasse in eine mit Klarsichtfolie ausgelegte Terrinenform (1,2 l Inhalt) füllen, mit Klarsichtfolie abdecken und mindestens für 6 Stunden in das Gefriergerät stellen.

4. Für die Schokoladenschaumsauce Eigelb mit Zucker, Kakaopulver und Milch über dem kochenden Wasserbad in 5 Minuten cremig-dicklich aufschlagen.

5. Parfait aus der Form lösen, aus der Folie wickeln und in 2 cm dicke Stücke schneiden. Mit der Schokoladenschaumsauce anrichten und mit Schokoladenraspeln bestreuen.

Zubereitungszeit 1:40 Stunden (plus Gefrierzeit)
Pro Portion 4 g E, 15 g F, 32 g KH = 292 kcal (1223 kJ)

Fritole veneziane

Die Hefeküchlein soll Marco Polo aus China nach Venedig mitgebracht haben

Für 20 Stück:
100 g Rosinen
80 ml Grappa
500 g Mehl
250 ml Milch
200 g Zucker
1 Würfel frische Hefe (42 g)
2 Eier (Kl. M)
75 g weiche Butter
Salz
Öl zum Frittieren
1 El gemahlener Zimt

1. Die Rosinen über Nacht in Grappa einlegen.

2. Mehl in eine große Schüssel sieben und in die Mitte eine Mulde drücken. 125 ml Milch lauwarm erwärmen, 30 g Zucker und Hefe darin auflösen. Hefemilch in die Mulde gießen, mit etwas Mehl bestäuben und zugedeckt an einem warmen Platz 15 Minuten gehen lassen.

3. Die restliche Milch mit 70 g Zucker lauwarm erwärmen. Eier zugeben, verrühren und mit der Butter und 1 Prise Salz zum Vorteig geben. Mit den Knethaken des Handrührers zu einem glatten Teig kneten und zugedeckt 4 Stunden ruhen lassen.

4. Rosinen mit dem Grappa unter den Teig kneten. Öl auf 160 Grad erhitzen. Einen Esslöffel ins heiße Fett tauchen, Nocken abstechen und im Fett unter gelegentlichem Wenden goldbraun ausbacken. Den Vorgang wiederholen, bis der Teig verbraucht ist. Restlichen Zucker mit Zimt mischen und die heißen Krapfen darin wenden.
Heiß servieren.

Zubereitungszeit 40 Minuten
(plus Einlegezeit und Ruhezeit für den Teig)
Pro Stück 4 g E, 10 g F, 32 g KH = 234 kcal (978 kJ)

Mandelschnitten mit Ricottacreme

In einem Gebäck vereint: Mandeln, Honig, Orangen – die Säulen sizilianischer Süßspeisen

Für 4 Stück:

Mandel-Krokant-Blätterteig

40 g Mandelblättchen
3 Platten TK-Blätterteig (à 75 g, rechteckig)
Mehl zum Bearbeiten
50 g Puderzucker

Ricottacreme

50 g Honig
30 g Zucker
50 ml Weißwein
80 ml Orangensaft
abgeriebene Schale von ½ Orange (unbehandelt)
abgeriebene Schale von ½ Zitrone (unbehandelt)
1 Zimtstange
3 Blatt weiße Gelatine
400 g Ricotta
2 El Orangenlikör
½ El Vanillezucker
150 g gemischte kandierte Früchte (z. B. Kirschen, Orangeat, Zitronat, Erdbeeren, Engelwurz)
200 ml Schlagsahne

Außerdem

kandierte Früchte und Zitronenmelisse für die Dekoration
Fruchtsaucen (z. B. Mango und Himbeer, Fertigprodukte)

1. Mandeln in einer Pfanne ohne Fett goldbraun rösten. 1 Platte Blätterteig auf eine bemehlte Arbeitsfläche legen. Die Hälfte der Mandeln gleichmäßig darauf verteilen und 1 Blätterteigplatte darauf legen. Restliche Mandeln darauf verteilen und restliche Teigplatte darauf legen. Teig ca. 3 mm dünn auf 28 x 20 cm ausrollen. Ein Backblech auf der Rückseite mit Backfolie belegen und den Blätterteig darauf legen. Blätterteig mit einem Ofengitter beschweren und im vorgeheizten Backofen auf der 2. Schiene von unten bei 200 Grad (Gas 3, Umluft 180 Grad) 15–20 Minuten backen.

2. Den noch heißen Blätterteig mit einem glatten Teigrädchen in 8 gleich große Rechtecke (ca. 14 x 5 cm) schneiden. Blätterteig gleichmäßig dick mit Puderzucker bestreuen und unter dem heißen Backofengrill auf der 2. Schiene von unten in 2–4 Minuten goldbraun karamellisieren. Aus dem Ofen nehmen und abkühlen lassen.

3. Für die Füllung Honig und Zucker erwärmen, aufschäumen lassen und mit Weißwein und Orangensaft ablöschen. Orangen- und Zitronenschale und Zimtstange zugeben. Bei mittlerer Hitze auf ⅓ einkochen lassen. Gelatine in kaltem Wasser einweichen.

4. Ricotta in einem Küchentuch gut ausdrücken und in eine Schüssel geben. Zimtstange aus dem reduzierten Sud nehmen, Sud etwas abkühlen lassen. Gelatine ausdrücken und im warmen Sud auflösen. Orangenlikör und Vanillezucker zugeben und alles gut verrühren.

5. Die kandierten Früchte in 2–3 mm große Stücke hacken und unter die Ricottamasse rühren. Sahne steif schlagen und nach und nach ebenfalls vorsichtig unterheben. Für 20–30 Minuten in den Kühlschrank stellen, bis die Masse leicht geliert. Dann in einen Spritzbeutel mit großer Sterntülle füllen. Die Creme gleichmäßig auf 4 Blätterteigstücke spritzen. Die restlichen Teigstücke mit der karamellisierten Seite nach oben auf die Creme legen. Je 1 Tupfen Creme darauf spritzen, mit kandierten Früchten und Zitronenmelisseblättern dekorieren. Mit den Fruchtsaucen servieren.

Zubereitungszeit 1:10 Stunden (plus Kühlzeit)
Pro Stück 15 g E, 48 g F, 116 g KH = 968 kcal (4058 kJ)

Torrone mit Feigenkompott

Die Stadt Chieti in den Abruzzen ist berühmt für ihren Torrone mit getrockneten Feigen

Für 10 Portionen:

Torrone

150 g geschälte Mandeln
100 g Zucker
250 g Zartbitter-Kuvertüre
300 g Nussnougat
150 ml Schlagsahne
50 g weiche Butter
Salz
80 g getrocknete Feigen

Feigenkompott

30 g Pinienkerne
1 Vanilleschote
80 g Zucker
40 g Honig
150 ml Weißwein
150 ml Orangensaft
3 Gewürznelken
1 Zimtstange
abgeriebene Schale von ½ Orange (unbehandelt)
abgeriebene Schale von 1 Zitrone (unbehandelt)
4 frische Feigen
1–2 Tl Speisestärke

1. Für die Torrone die Mandeln auf einem Backblech verteilen und im vorgeheizten Backofen auf der 2. Schiene von unten bei 160 Grad (Gas 1–2, Umluft 150 Grad) in 6–8 Minuten goldbraun rösten. Backblech aus dem Ofen nehmen und die Mandeln abkühlen lassen.

2. Zucker in einem Topf hellbraun karamellisieren. Mandeln zugeben und mit einem Holzlöffel verrühren. Sofort auf Backpapier gießen und vollständig abkühlen lassen. Mit den Händen oder mit Hilfe des Holzlöffels grob zerteilen.

3. Kuvertüre grob hacken. Nougat in grobe Stücke schneiden. Kuvertüre und Nougat in einem Schlagkessel über dem heißen Wasserbad schmelzen. Sahne aufkochen, mit der Kuvertüre-Nougat-Masse verrühren, abkühlen, aber nicht fest werden lassen.

4. Butter und 1 Prise Salz mit den Quirlen des Handrührers schaumig rühren. Nougat-Sahne-Mischung zur Butter geben und unterrühren. Die Feigen in 3–4 mm große Würfel schneiden. Feigen und Mandel-Karamell-Mischung mit einem Holzlöffel unter die Nougat-Sahne-Mischung heben. Eine Terrinenform (800 ml Inhalt) mit Klarsichtfolie auslegen und die Torrone-Masse hineinfüllen. Mit Folie abdecken und für mindestens 8 Stunden (besser über Nacht) kalt stellen.

5. Für das Feigenkompott die Pinienkerne in einer Pfanne ohne Fett goldbraun rösten. Vanillemark aus der Schote kratzen. Zucker in einem Topf hellbraun karamellisieren. Honig zugeben und mit Weißwein und Orangensaft ablöschen. Nelken, Zimtstange, Orangen- und Zitronenschale, Vanilleschote und -mark zugeben. Bei mittlerer Hitze auf die Hälfte einkochen lassen.

6. In der Zwischenzeit die Feigen bis zum Stiel schälen. Vanilleschote und Zimtstange aus dem eingekochten Gewürzsirup entfernen. Speisestärke mit 4–5 El kaltem Wasser verrühren und den Gewürzsirup leicht damit binden. Feigen und Pinienkerne zugeben, kurz aufkochen lassen, beiseite stellen und abkühlen lassen.

7. Torrone aus der Form lösen und aus der Folie wickeln. Ein Küchenmesser in heißes Wasser tauchen und den Torrone-Barren damit in 1 cm dicke Scheiben schneiden. Mit dem kalten Feigenkompott servieren.

Zubereitungszeit 1:30 Stunden (plus Kühlzeiten)
Pro Portion 9 g E, 28 g F, 67 g KH = 558 kcal (2338 kJ)

Feigen-Flan mit Apfel-Trester-Schaum

Die getrockneten Früchte sind die Basis für Johann Lafers feinen Flan

Für 8 Portionen:

Feigen-Flan
80 g getrocknete Feigen
120 ml Orangenlikör
150 g Zucker
70 ml Orangensaft
30 g Butter
1 Vanilleschote
300 ml Milch
2 Eier (Kl. M)
3 Eigelb (Kl. M)
Schokoladendekorblättchen oder -streusel für die Dekoration

Apfel-Trester-Schaum
1 Zitrone (unbehandelt)
2 Blatt weiße Gelatine
50 ml Tresterschnaps
250 ml Apfelsaft
2 El Ahornsirup
1 Msp. gemahlener Zimt
150 ml Schlagsahne

1. Für den Flan die Feigen fein hacken. Mit 100 ml Orangenlikör bei mittlerer Hitze in 4–5 Minuten zu Mus kochen.

2. Für den Orangenkaramell den Zucker hellbraun karamellisieren, mit Orangensaft und dem restlichen Orangenlikör ablöschen und kurz aufkochen lassen. Butter zugeben und bei mittlerer Hitze so lange leise kochen lassen, bis sich der Karamell aufgelöst hat. Den Karamell 3–4 mm hoch in 8 Flanförmchen (à 90 ml Inhalt) einfüllen und abkühlen lassen.

3. Das Mark aus der Vanilleschote kratzen. Milch mit Vanilleschote und -mark einmal aufkochen, beiseite stellen und lauwarm abkühlen lassen. Vanilleschote entfernen, Eier und Eigelb zugeben und verrühren. Durch ein feines Sieb auf das Feigenmus gießen und mit dem Schneidstab fein pürieren. Gleichmäßig in die Förmchen verteilen. Die Formen in eine Saftpfanne stellen und in den auf 160 Grad vorgeheizten Backofen schieben. Dann heißes Wasser bis ca. 1 cm unter den oberen Rand der Formen in die Saftpfanne gießen. Auf der 2. Schiene von unten 45–50 Minuten stocken lassen (Gas 1–2, Umluft nicht empfehlenswert). Förmchen aus dem Wasserbad nehmen und für mindestens 3 Stunden kalt stellen.

4. Für den Apfel-Trester-Schaum die Zitronenschale abreiben und die Zitrone auspressen (ca. 40 ml). Gelatine in kaltem Wasser einweichen. Den Trester mit dem Apfelsaft erwärmen. Zitronenschale und -saft, Ahornsirup, Zimt und Sahne zugeben. Gelatine gut ausdrücken und im warmen Apfel-Trester-Sud auflösen. Durch ein feines Sieb in die Gourmet-Whip-Flasche füllen. 1–2 isi-Sahnekapseln aufschrauben, kräftig schütteln und für ca. 3 Stunden in den Kühlschrank stellen.

5. Flan aus den Förmchen lösen und auf Teller stürzen. Einige Tupfen Apfel-Trester-Schaum dekorativ auf die Teller spritzen und mit Schokoladenblättchen oder -streuseln dekorieren.

Zubereitungszeit 2 Stunden (plus Kühlzeiten)
Pro Portion 6 g E, 15 g F, 38 g KH = 328 kcal (1374 kJ)

Zuccotto

Perugia, die Hauptstadt Umbriens, gilt als Heimat der köstlichen Torte

Für 12 Stücke:

150 g gemischte kandierte Früchte (z. B. Engelwurz, Kirschen, Orangen, Ananas)
80 g Mandelblättchen
120 g Zartbitter-Kuvertüre
50 ml brauner Rum
50 ml Orangenlikör
50 ml Maraschino
250 g Löffelbiskuits (oder 1 Biskuitboden, zu einem Rechteck von 40 x 25 cm geschnitten)
800 ml Schlagsahne
Mark von 1 Vanilleschote
40 g Puderzucker
80 g gehackte Haselnüsse
Kakaopulver und Puderzucker zum Bestreuen

1. Die kandierten Früchte in 3–4 mm große Würfel schneiden. Mandeln in einer Pfanne ohne Fett goldbraun rösten. Kuvertüre grob hacken und über dem Wasserbad schmelzen. Kuvertüre beiseite stellen und abkühlen lassen, sie darf aber nicht fest werden.

2. Rum, Orangenlikör und Maraschino mischen. Die Löffelbiskuits (oder den in Keile geschnittenen Biskuitboden) mit der Alkoholmischung tränken. Biskuitstücke dicht an dicht in eine mit Klarsichtfolie ausgelegte Schüssel (1,5 l Inhalt) legen. Kalt stellen.

3. Sahne steif schlagen und gleichmäßig auf 2 Schalen verteilen. Unter die eine Hälfte vorsichtig mit dem Gummispatel kandierte Früchte, Mandeln, Vanillemark und Puderzucker unterheben. In einen Spritzbeutel mit großer Lochtülle füllen. Sahne spiralförmig, in der Mitte des Schüsselbodens beginnend, etwa 2 cm dick auf den Biskuit spritzen. Kalt stellen.

4. Zur restlichen Sahne die kalte, aber noch flüssige Kuvertüre und die Haselnüsse geben. Vorsichtig mit einem Gummispatel unterheben. In einen Spritzbeutel mit großer Lochtülle füllen und bis zum Schüsselrand auf die Sahne spritzen. Zuccotto mit Klarsichtfolie abdecken und für 4–6 Stunden in einen sehr kalten Kühlschrank stellen.

5. Zuccotto vorsichtig auf eine Tortenplatte stürzen und die Folie abziehen. Mit Kakaopulver und Puderzucker bestreuen. Zuccotto sofort servieren: Die Füllung verliert rasch ihre Festigkeit.

Zubereitungszeit 1 Stunde (plus Kühlzeiten)
Pro Stück 7 g E, 31 g F, 39 g KH = 480 kcal (2010 kJ)

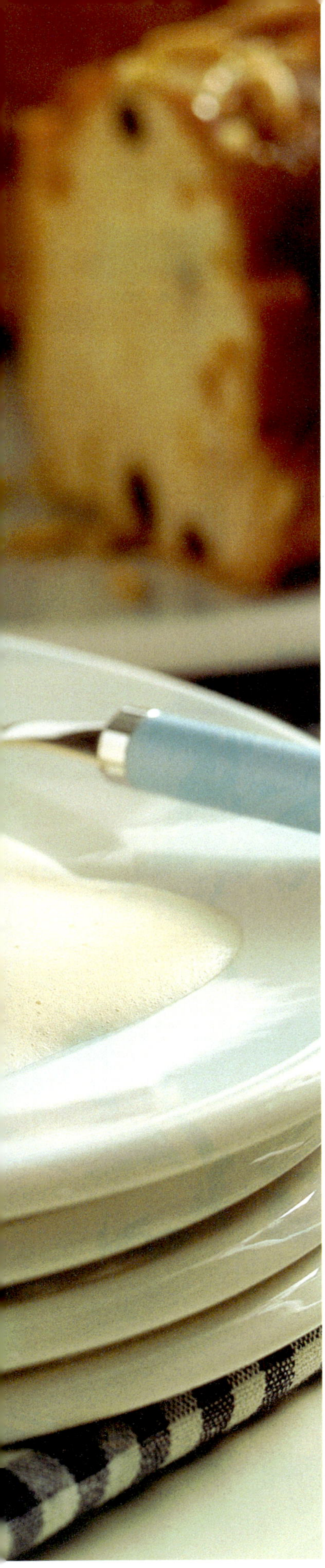

Aprikosen-Rosinen-Baba mit Grappa-Zabaione

In der Tradition der venezianischen Hefeküchlein und doch ganz neu

Für 16 Stücke:

Baba-Teig

100 g getrocknete Aprikosen
50 g Rosinen
80 ml Grappa
125 ml Milch
1 Würfel frische Hefe (42 g)
80 g Zucker
500 g Mehl
5 Eier (Kl. M)
Mark von 1 Vanilleschote
1 Tl abgeriebene Zitronenschale (unbehandelt)
Salz
200 g weiche Butter
Butter für die Form
50 g Mandelblättchen
60 g Pinienkerne zum Bestreuen

Gewürzsirup

1 Vanilleschote
600 ml Weißwein
Saft von 1 Zitrone (ca. 40 ml)
180 g Zucker
1 Zimtstange
abgeriebene Schale von 1 Orange (unbehandelt)
abgeriebene Schale von 1 Zitrone (unbehandelt)

Glasur

100 g Aprikosenkonfitüre
3 El Grappa

Grappa-Zabaione

4 Eigelb (Kl. M)
60 g Zucker
150 ml Weißwein
4 El Grappa

1. Für den Teig die Aprikosen in ½ cm große Würfel schneiden und mit den Rosinen über Nacht in Grappa einlegen.

2. Für den Vorteig die Milch lauwarm erwärmen. Hefe und Zucker darin auflösen. 100 g Mehl zugeben und glatt rühren. Zugedeckt an einem warmen Platz 15 Minuten gehen lassen. Das restliche Mehl in eine Schüssel sieben. Eier, Vanillemark, Zitronenschale, 1 Prise Salz und den gegangenen Vorteig zugeben und mit den Knethaken des Handrührers zu einem glatten, halbflüssigen Teig verkneten. Dann die weiche Butter unterkneten. Teig zudecken und 45 Minuten an einem warmen Platz auf die doppelte Größe aufgehen lassen.

3. Eine Kranzform (26 cm Ø) dünn mit Butter auspinseln und mit den Mandeln ausstreuen. Die in Grappa eingelegten Aprikosen und Rosinen mit einem Holzlöffel unter den gegangenen Teig heben. In die Kranzform füllen, mit einem Tuch zudecken und nochmals 30 Minuten gehen lassen. Dann im vorgeheizten Backofen auf der 2. Schiene von unten bei 160 Grad (Gas 1–2, Umluft 150 Grad) 35–40 Minuten backen. Pinienkerne in einer Pfanne ohne Fett goldbraun rösten.

4. Für den Gewürzsirup das Mark aus der Vanilleschote kratzen und mit Schote, Weißwein, Zitronensaft, Zucker, Zimt, Orangen- und Zitronenschale aufkochen. Bei mittlerer Hitze auf 400 ml einkochen.

5. Kuchen auf ein Kuchengitter stürzen und noch heiß mit dem Gewürzsirup tränken. Den Vorgang wiederholen, bis die ganze Flüssigkeit aufgesogen ist. Dann den Baba auf eine Tortenplatte geben.

6. Für die Glasur die Aprikosenkonfitüre erwärmen, Grappa zugeben und gut verrühren. Den warmen Baba damit einpinseln. Mit den gerösteten Pinienkernen bestreuen.

7. Für die Zabaione Eigelb mit Zucker und Weißwein über dem Wasserbad 4–6 Minuten cremig-dicklich aufschlagen. Dann Grappa zugeben und unterschlagen. In eine Schale füllen und mit dem Baba servieren.

Zubereitungszeit 1 Stunde (plus Einlegezeit für die Früchte und Ruhezeiten für den Teig)
Pro Stück 9 g E, 19 g F, 55 g KH = 448 kcal (1876 kJ)

Apfelstrudel mit Vanillesauce

Im Trentino genauso zu Hause wie in Bayern und Österreich

Für 6–8 Portionen:

Strudelteig
150 ml Milch
250 g Mehl
1 Ei (Kl. M)
2 El Öl
½ El Weißwein
Salz
Öl zum Bestreichen
Mehl zum Bearbeiten

Füllung
50 g Mandelblättchen
100 g Butter
60 g Semmelbrösel
150 g Zucker
1 Zitrone
800 g säuerliche Äpfel (Boskop oder Elstar)
40 ml Calvados
40 ml brauner Rum
50 g Rosinen
½ Tl gemahlener Zimt
Puderzucker zum Bestreuen

Vanillesauce
1 Vanilleschote
250 ml Milch
250 ml Schlagsahne
6 Eigelb (Kl. M)
80 g Puderzucker

1. Für den Strudelteig die Milch lauwarm erwärmen. Mehl, Ei, Öl, Weißwein, 1 Prise Salz und Milch mit den Knethaken des Handrührers zu einem glatten, geschmeidigen Teig verkneten. In einen mit Öl bestrichenen tiefen Teller legen, nochmals mit Öl beträufeln und zugedeckt an einem warmen Platz 2 Stunden ruhen lassen.

2. Für die Füllung die Mandelblättchen in einer Pfanne ohne Fett goldbraun rösten. 50 g Butter in einer Pfanne erhitzen. Semmelbrösel und 50 g Zucker zugeben und bei mittlerer Hitze goldbraun rösten. Abkühlen lassen.

3. Zitrone auspressen. Äpfel schälen, längs vierteln, entkernen und schräg in 2–3 mm dünne Scheiben schneiden. Äpfel, Zitronensaft, restlichen Zucker, Calvados, Rum, Rosinen, Zimt und Mandeln mischen.

4. Restliche Butter zerlassen und beiseite stellen. Den Strudelteig auf einem bemehlten Tuch ausrollen und mit den Handrücken hauchdünn auf ca. 60 x 60 cm ausziehen, dickere Teigränder abschneiden. Mit der Hälfte der Butter dünn einpinseln. Auf dem unteren Teigviertel die gerösteten Semmelbrösel entlang der Längsseite verteilen, dabei jeweils einen 5 cm breiten Rand lassen. Die Apfelfüllung darauf verteilen. Die Außenseiten über die Apfelfüllung klappen. Den Strudel mit Hilfe des Tuches aufrollen und mit der Nahtstelle nach unten auf ein mit Backpapier belegtes Backblech legen. Mit der restlichen zerlassenen Butter bepinseln. Im vorgeheizten Backofen auf der 2. Schiene von unten bei 200 Grad (Gas 3, Umluft 180 Grad) 20–25 Minuten backen. Den Strudel mit Puderzucker bestreuen.

5. Für die Vanillesauce die Vanilleschote längs aufschlitzen, das Mark herauskratzen und beides mit der Milch und der Sahne aufkochen. Vanilleschote entfernen. Eigelb mit dem Puderzucker cremig aufschlagen, die heiße Milch langsam unter Rühren zugießen.

6. Die Masse in einen Topf geben und so lange unter ständigem Rühren erhitzen (nicht kochen!), bis die Masse cremig-dicklich ist. Die Sauce durch ein Sieb in eine Schüssel gießen. Apfelstrudel heiß oder kalt mit der Sauce servieren.

Zubereitungszeit 1:10 Stunden (plus Ruhezeit für den Teig)
Pro Portion (bei 8 Portionen) 12 g E, 35 g F, 80 g KH = 695 kcal (2910 kJ)

Zuppa inglese alla romana

Die englische „Suppe“ auf römische Art: eine prachtvolle Torte mit kandierten Früchten

Für 4 Portionen:

Biskuit

3 Eier (Kl. M)
Mark von ½ Vanilleschote
100 g Zucker
100 g Mehl

Füllung

80 ml brauner Rum
200 g gemischte kandierte Früchte
1 Vanilleschote
1 l Milch
6 Eigelb (Kl. M)
150 g Zucker
60 g Speisestärke
1 El Kakaopulver
2 Eiweiß (Kl. M)
Salz
80 g Zucker

1. Für den Biskuit Eier, Vanillemark und Zucker in eine Schüssel geben und mit den Quirlen des Handrührers cremig-schaumig schlagen. Das Mehl nach und nach darüber sieben und mit einem Teigschaber vorsichtig unterheben. Masse auf ein mit Backpapier belegtes Blech streichen, im vorgeheizten Backofen auf der 2. Schiene von unten bei 170 Grad (Gas 1–2, Umluft 150 Grad) 15 Minuten backen. Biskuit abkühlen lassen.

2. Rum über die Früchte gießen und 2 Stunden marinieren. Vanilleschote längs halbieren, Mark herauskratzen. Schote und Mark in die Milch geben, einmal aufkochen. Abkühlen lassen. Eigelb und Zucker mit den Quirlen des Handrührers schaumig aufschlagen. Nach und nach die Speisestärke einrieseln lassen und gut verrühren. Die Schote aus der Milch nehmen. Milch zur Eimasse geben, gut verrühren und in einen Topf füllen. Unter ständigem Rühren aufkochen, bis die Masse cremig-dicklich ist. Durch ein feines Sieb in eine Schüssel streichen. Die Hälfte der Masse in eine andere Schüssel geben und mit dem Kakaopulver verrühren. Abkühlen lassen.

3. Vom Biskuit das Backpapier abziehen und aus dem Biskuitboden 2 Kreise (à 18 cm Ø) ausstechen. Vanillecreme in eine Glasschale (18 cm Ø, 8 cm hoch) füllen und glatt streichen. Die Hälfte der Früchte darauf verteilen und mit 1 Biskuitplatte abdecken. Auf den Biskuit die Kakaocreme streichen und mit den restlichen Früchten belegen. Zweite Biskuitplatte darauf legen, leicht andrücken und mit Klarsichtfolie abdecken. Für 2 Stunden in den Kühlschrank stellen.

4. Eiweiß mit 1 Prise Salz halb steif schlagen. Nach und nach den Zucker einrieseln lassen und so lange weiterschlagen, bis der Zucker sich gelöst hat und der Eischnee fest ist. Masse in einen Spritzbeutel mit großer Sterntülle füllen. Von der Zuppa inglese die Folie entfernen und die Baisermasse auf die obere Schicht spritzen. Mit einem Bunsenbrenner hellbraun abflämmen.

Zubereitungszeit 1:30 Stunden (plus Kühl- u. Marinierzeiten)
Pro Portion 20 g E, 21 g F, 136 g KH = 870 kcal (3646 kJ)

Aosta-Tal
Trentino
Friaul
Lombardei
Venetien
Piemont
Emilia-Romagna
Ligurien
Toskana
Umbrien
Abruzzen
ADRIATISCHES MEER
Latium
ITALIEN
TYRRHENISCHES MEER
Sardinien
Kampanien
Sizilien
MITTELMEER

Reise durch Italien

Von den Alpenkämmen im Norden bis nach Sizilien im Süden – „la cucina italiana“ lebt von ihrer wechselvollen Geschichte, der regionalen Vielfalt und der Freude am Essen und Trinken. Gehen Sie also mit uns auf eine spannende Reise durch die 15 schönsten Regionen des Landes!

Lebendige italienische Kaffeehauskultur: das Antico Caffé in Alba, dem Zentrum des Trüffelhandels

Piemont: köstliche Braten, große Weine, edle Trüffeln

Das „Land am Fuße der Berge“, wie Piemont übersetzt heißt, verfügt über eine abwechslungsreiche, manchmal sogar opulente Küche. Es mangelt ihr nicht an Raffinesse, doch ihre Wurzeln sind bodenständig. Trüffeln, Knoblauch, Wild, Käse und Reis sind die Grundlagen piemontesischer Spezialitäten. *Castelmagno* und *Gorgonzola* sind die bekanntesten Käse dieser Region: Beide sind Blauschimmelkäse mit gesetzlich kontrollierter Herkunft, die *Risotto*, Füllungen und Saucen ein wunderbares Aroma verleihen. Das waldreiche Piemont ist ein klassisches Trüffelgebiet. Jedes Jahr im Oktober bricht in den Langhe, der hügeligen Landschaft um Alba, das Trüffelfieber aus. Denn dort wächst die aromatischste, begehrteste – und teuerste – Trüffel der Welt: die weiße oder Alba-Trüffel. Sie wird roh mit dem Trüffelhobel direkt über das Gericht geraspelt, passt zu Ei, *Risotto*, *Pasta* und *Carpaccio*. Die wasserreiche Po-Ebene ist die Heimat des italienischen Reises. Nach dem Einsäen im März wird das Gebiet zwischen Pavia, Novara und Vercelli zu einer einzigen Wasserfläche. Über Italiens Grenzen hinaus

berühmt sind die Sorten Arborio, Carnaroli und Vialone, aus denen der *Risotto* zubereitet wird. Sie nehmen die Feuchtigkeit gut auf, bleiben aber bissfest und locker.
Zu den fleischlichen Genüssen des Piemont zählt der *Bollito misto*, für den mehrere Fleischsorten in einem Gemüsesud gegart werden, *Brasato al barolo*, in Rotwein geschmortes Rindfleisch, und *Vitello tonnato*, hauchdünne kalte Kalbfleischscheiben mit Thunfischsauce.
Zu den ganz großen italienischen Rotweinen gehören Barolo und Barbaresco aus der Gegend um Alba, die aus der Nebbiolo-Traube, einer rein piemontesischen Rebe, gekeltert werden. Es sind körper-, säure- und tanninreiche Weine, die im Fass und in der Flasche lange reifen müssen, damit sie ihre Fülle voll entfalten können. Am häufigsten angebaut wird in Alba, in Asti und im Montferrat die Barbera-Rebe, aus der leichte, fruchtige Weine gewonnen werden. Last but not least die Dolcetto-Rebe für einen sehr populären, trockenen, fruchtigen Wein. Es wird sogar behauptet, dass das Blut der Piemontesen zur Hälfte aus Dolcetto bestehe.

Barolo und Barbaresco werden aus der Nebbiolo-Traube gekeltert

Von Weinbergen umgeben und einen Besuch wert: das Städtchen Neive

Aosta-Tal: herzhafte Kost

Wie es sich für eine Bergregion gehört, wird im Aosta-Tal einfach und deftig gekocht. Die klassische Küche kennt keine Nudelgerichte und Olivenöl. Heiße, gehaltvolle Brotsuppen und *Fonduta*, die lokale Version des Käsefondues, wärmen an Wintertagen. Weiter bestimmen *Polenta*, Roggenbrot, geräucherter Speck und Wild aus den Bergen und Wäldern den Speiseplan. Geschmort, gebraten und gekocht wird mit Butter und Sahne, denn Almwirtschaft und Käseherstellung spielen im Aosta-Tal eine große Rolle. Zu den kulinarischen Markenzeichen gehört daher auch *Fontina*, ein hellgelber, milder Kuhmilchkäse. Er ist unverzichtbarer Bestandteil der *fonduta* und wird zum Überbacken von *Gnocchi, Polenta*, Gemüse und Fleisch verwendet.

Das Aosta-Tal: eingerahmt von den Walliser Alpen, dem Montblanc-Massiv und den Grajischen Alpen

Italienische Küche ohne Tomaten? Undenkbar!

Lombardei: Lust auf Fleisch und Spargel

Die wirtschaftlich reichste Region Italiens kann mit einer Fülle von traditionellen Gerichten aufwarten, die weit über ihre Grenzen bekannt geworden sind. *Risotto alla milanese, Asparagi alla milanese, Ossobuco alla milanese* – nur drei von vielen Köstlichkeiten, die nach Mailand, der Hauptstadt der Lombardei, benannt sind. Safran, der dem Reisgericht die goldgelbe Farbe gibt, soll schon im 13. Jahrhundert in die Lombardei gelangt sein. Der grüne Spargel wird mit geriebenem Käse und Spiegelei serviert und hat angeblich schon Julius Cäsar entzückt. Die geschmorten Kalbshaxenscheiben sind nur ein Beispiel für die Vorliebe der Lombarden für einfach-raffinierte Fleischgerichte. Die *Costoletta alla milanese* ist die

Ahnfrau des Wiener Schnitzels und kam von der Adda an die Donau – nicht umgekehrt, wie oft behauptet wird.
Seinen Ursprung in Mailand hat auch der *Panettone*, das traditionelle Weihnachtsgebäck aus Hefeteig, Zitronat, Rosinen und kandierten Früchten. Eine Variante des *Panettone* ist die *Colomba pasquale* aus Pavia, ein Hefegebäck in Form einer Taube. Die Stadt Cremona an der Grenze zur Emilia-Romagna kann mit zwei Spezialitäten aufwarten: einmal *Mostarda di Cremona*, eine pikante Beilage zu Fisch, Wild oder Geflügel aus kandierten Früchten, die in eine Mischung aus Zuckersirup und Senf eingelegt werden; zum anderen *Torrone*, eine mächtige Süßigkeit aus Honig und Mandeln, wahrscheinlich arabischen Ursprungs und auch in Sizilien zu Hause.
Zur Kultur der lombardischen Küche gehören Käse und Wurst: *Taleggio, Grana padano, Bel paese* und *Provolone* sind die bekanntesten Käsesorten, die *Salame di Milano* darf auf keinem klassischen Vorspeisenteller fehlen.
Im Vergleich zu anderen Regionen haben lombardische Weine keine große Bedeutung. Eine Ausnahme ist die Franciacorta am Südrand des Lago d'Iseo, deren *Spumante* zu den besten Italiens zählt. Er wird nach der Méthode champénoise erzeugt, mit lebhaft-frischer Säure, zart und elegant.
In aller Welt zu Hause, doch in Mailand erfunden: Campari, der bittere, scharlachrote Aperitif, den Davide Campari Ende des 19. Jahrhunderts für sein Café in der Nähe des Doms kreierte.

Rebenlandschaft in der Franciacorta, die einen der besten Spumante hervorbringt

Venedig, die Stadt, die mit dem Wasser lebt. Da erstaunt es niemanden, dass der üppig bestückte Gemüseladen auf dem Kanal schwimmt

Venetien: fein und deftig

Das Wasser bestimmt den Lebensrhythmus der Venezianer und damit auch ihre Küche. Seebarsch, Goldbrasse, Tintenfisch, Muscheln und Krebse aus der Lagune werden in den Osterien der Stadt auf traditionelle Weise zubereitet. Zu den berühmtesten Spezialitäten gehört der Stockfisch – z. B. als Püree oder in Milch gegart und mit Käse überbacken, der schwarze Reis, dem die Tinte des Tintenfisches die Farbe gibt, und würzig marinierte Sardinen.

Venezianer und die Bewohner des Festlandes teilen sich die Vorliebe für frisches Gemüse. *Pasta e fagioli*, Nudeln und Bohnen, oder *Risi e bisi*, Reis mit jungen Erbsen, sind zu italienischen Klassikern avanciert.

Aus dem reichen fruchtbaren Hinterland kommen Bohnen, Kürbis, weißer Spargel und der berühmte *Radicchio di Treviso*, der im Dezember geerntet wird.

Radicchio ist in Venetien nicht nur ein Salat, er wird gedünstet, gebraten, gegrillt und frittiert.

An die Zeiten des fröhlichen Karnevals der Dogen erinnert das typische Schmalzgebäck, *Fritole*, das mit Grappa, Rosinen oder Pinienkernen verfeinert wird.

Das Veneto ist eines der wichtigsten Weinbaugebietes des Stiefels. An den Hängen nördlich von Verona wachsen die Trauben für den Valpolicella, von den südöstlichen Ufern des Gardasees stammt der Bardolino, und der Soave, einer der bekanntesten Weißweine Italiens, kommt aus dem Osten Veronas. Zentrum der italienischen Schaumweinproduktion ist das Gebiet des Prosecco di Conegliano-Valdobbiadene. Der Prosecco ist eine Rebsorte Venetiens und galt einst als ländlicher, erfrischender Wein, der vor Ort getrunken wurde. Mit der steilen Karriere der Weinschaumproduktion in den neunziger Jahren wurde er rund um den Globus zum Synonym für das prickelnde Getränk.

Fische und Meeresfrüchte aus der Lagune finden auf dem Markt reißenden Absatz

Trentino: Drei-Länder-Küche

Saftige Wiesen, dunkle, dichte Wälder, schroffe Berge – Bilderbuchidylle in der Alpenregion

Das Trentino und das nördlich davon gelegene Südtirol sind geprägt von Almen und Wald, von Kohl- und Kartoffelfeldern, Weinbergen und Obstplantagen. Der Kohl wird zu Sauerkraut verarbeitet, aus den Kartoffeln werden die geliebten Knödel und Krapfen gemacht, und von der Hochebene von Asagio kommt der gleichnamige mild-würzige Käse. Die Hälfte aller in Italien erzeugten Äpfel stammt von Südtiroler und Trentiner Obstbauern. Bayerische, österreichische und italienische Einflüsse bestimmen den Speiseplan, so dass sich der Reisende an einer Frittatensuppe oder einem Apfelstrudel ebenso erfreuen kann wie an *Polenta* mit Kürbis, Gulasch oder Bauerngröstl. Eine Delikatesse für sich: die Vesper mit Südtiroler Speck und Schüttelbrot.

Friaul: k.-u.-k.-Tradition

Schinken aus San Daniele di Friuli, Speck und Käse aus Karnien, Weine aus Grave del Friuli und den Colli Orientali – Friaul-Julisch Venetien im äußersten Nordosten des Landes hat kulinarisch einiges zu bieten. Triests Vergangenheit als bedeutender Handelshafen der Donaumonarchie ist noch überall zu spüren: Zu Bier oder kräftigem Wein isst man Gulasch oder gebackenes Huhn und beendet das Mahl mit einer Mehlspeise. Im Friaul hingegen wird *Polenta* in unzähligen Variationen zubereitet und mit Wurst, Käse, Fisch oder Fleisch genossen. Ein Klassiker in beiden Regionen ist die *Jota*, eine herzhafte Bohnensuppe mit Speck. Übrigens: Im Friaul ist Grappa aus dem Trester der süßen Picoli-Traube eine beliebte Spezialität.

Vom rauen Bauernschnaps zur Edelspirituose: die Erfolgsstory des Grappa

Beliebtes Gebäck: Zitronen- und Nusskuchen, Mürbeteigplätzchen

Ligurien: Gutes von Land und Meer

Auch wenn in Ligurien die Pasta nicht erfunden wurde, spielt sie dort doch eine große Rolle, vor allem in Form von *Ravioli*, den durchsichtigen gefüllten Teigtaschen, die nur mit Butter, einem Spritzer Zitrone und Parmesan, oder mit einem *Sugo* gegessen werden. Von erlesener Schlichtheit ist der *Pesto alla genovese,* die im Mörser zubereitete, würzige Paste aus frischem Basilikum, Salz, Knoblauch, Pinienkernen, Olivenöl und zweierlei Käse, die über *Trenette*, die schmalen, flachen Nudeln, geträufelt wird. Im Salat *Cappon magro* – ursprünglich ein Fastengericht – gehen die Früchte des Meeres und des Landes eine innige Verbindung ein. Er ist ein prachtvolles Kunstwerk aus in Olivenöl getränktem Zwieback, zartem Gemüse, Fisch, Muscheln und Krustentieren, Eiern, Pilzen, Salatblättern, Oliven und Kräutersauce. Von schlichterer Art sind die Suppen mit Gemüse und Mies- oder Venusmuscheln oder Tintenfische, die gern mit *Pasta* und Pilzen serviert werden. Auch wenn die Ligurier keine großen Fleischesser sind: *Cima*, die mit Bries, Hirn, Gemüse, Knoblauch, Majoran und Käse gefüllte Kalbsbrust sollte man unbedingt probieren. Die Tücke ihres Klimas hat den Liguriern zu einer großartigen Erfindung verholfen: Da die Salzluft und die hohe Luftfeuchtigkeit es nahezu unmöglich machten, ein gutes Brot mit Hefe zu backen, wurde mit einem hefefreien, dünnen Brotfladen, der frisch aus dem Ofen verzehrt werden konnte, das Problem gelöst. Mit Olivenöl und grobem Salz bestreut, mit Käse oder gehackten Zwiebeln belegt ist die *Focaccia* eine knusprige Köstlichkeit. Zwischen San Remo und La Spezia wachsen die Oliven für ein ganz besonderes Öl – sehr leicht, sehr aromatisch. In der bergigen Region stehen die Bäume auf steilen Terrassen, die Ernte ist entsprechend mühsam und praktisch nur in Handarbeit möglich. Dieses Problem teilen sich die Olivenbauern mit den Gemüsebauern. Trotzdem gehören Artischocken, Spargel, Tomaten und Bohnen zu den beliebtesten Gemüsesorten – und sind die Basis für die ligurische Antwort auf den *Salade niçoise*.

Für Pesto alla genovese, voller Duft und Aroma: Basilikum aus Ligurien

Blaues Meer, hohe Berge: Camogli ist einer der schönsten Fischerorte an der italienischen Riviera

Das aus kleinen Punkten gebildete Gütesiegel und die Herstellungsdaten auf dem Käselaib garantieren die Qualität des Parmigiano

Emilia-Romagna: lustvoll schlemmen

Wenn eine Region „der Bauch Italiens“ und die Hauptstadt Bologna „La Grassa“, die Fette, genannt wird, dann weiß man, wo man gelandet ist. Die Vielfalt und Vielseitigkeit der Küche rührt daher, dass die Region aus zwei Landstrichen besteht.
Die fruchtbare Emilia zwischen Po-Ebene und nördlicher Toskana liefert *Pasta*, Fleisch und Milchprodukte, die bergige Romagna mit der Adria im Osten Wild, Kräuter und Fisch. Die Emilia-Romagna ist ein Nudelparadies. Der Teig aus Hartweizengrieß (*Pasta secca*) oder aus Weizenmehl und Ei (*Pasta fresca*) wird in tausendundeiner Variation hergestellt – zu den berühmtesten zählen die *Tortellini* und die *Lasagne* aus Bologna. In der Romagna ist die *Piada* oder *Piadina* eine Institution: Der ungesäuerte Fladen aus Mehl, Wasser, Salz und Schmalz wird auf einer flachen Form gebacken und an Stelle von Brot gegessen. Mit Parmaschinken, Käse, Tomaten oder Mozzarella gefüllt ist er ein köstlicher Imbiss, z. B. zu einem Glas Lambrusco, dem prickelnden Rotwein der Region.
Italiens Star unter den Käsen, der *Parmigiano reggiano*, darf nur dann diesen Namen tragen, wenn er nach gesetzlich genau festgelegten Regeln und nur in Parma, Reggio Emilia, Modena, Mantua rechts vom Po und Bologna links des Reno hergestellt wird. Am Ende eines langwierigen Produktions- und Lagerprozesses wird den Laiben dann das begehrte Gütesiegel eingebrannt.
Was der *Parmigiano reggiano* unter den Käsen, ist der *Prosciutto di parma* unter den Schinken. Auch er wird nach strengen Richtlinien produziert und gelagert, ein Schutzkonsortium wacht über die Qualität und vergibt das Gütesiegel. Frisch und hauchdünn geschnitten gehört er auf den Antipasti-Teller, begleitet Melonen, frische Feigen oder Spargel.
Neben dem Schinken kann die Emilia-Romagna mit einer Fülle von Wurstspezialitäten aufwarten: *Mortadella* aus Bologna, *Zampone* (gefüllter Schweinefuß) aus Modena, *Capocollo* (geräucherter Schweinekamm) aus Piacenza, *Salama da sugo* aus Ferrara und *Pancetta*, der aromatische durchwachsene Speck.
Der Bauch Italiens ist auch ein Obstparadies. Als Abschluss eines ausgiebigen Essens kom-

In der Emilia-Romagna hängt der Himmel nicht voller Geigen, sondern voller Schinken und Würste

men Äpfel, Birnen, Pflaumen, Pfirsiche und Erdbeeren im ganzen auf den Tisch oder die Hausfrau komponiert eine *Macedonia di frutta*, einen Obstsalat mit den Früchten der Saison. *Aceto balsamico tradizionale di Modena* oder *di Reggio Emilia* – schon der Name zergeht auf der Zunge. Ein paar Tropfen dieser Kostbarkeit genügen, um Fisch und Fleisch, Salat und Käse zu einer umwerfenden Geschmacksfülle zu verhelfen. Während andere Essige aus Weiß- oder Rotwein hergestellt werden, geht es beim echten *Aceto balsamico* mit der Vermostung weißer Trebbiano-Trauben aus Modena

oder Reggio Emilia los. Zu Sirup reduziert, wird er mit altem Weinessig vermischt. Auf dem Dachboden, der *Acetaia*, verbringt er dann bei kalten Wintern und heißen Sommern seine Jahre. Dabei verliert er durch Verdunstung immer mehr an Volumen und durchwandert eine ganze Batterie von Fässern unterschiedlicher Größe. Echten *Aceto balsamico* erkennt man am Preis, an der kleinen, typischen Flasche und eben an seiner Bezeichnung „traditionale di...". Nur die Essigproduzenten, die dem Konsortium angehören, dürfen diesen Zusatz auf ihre Etiketten schreiben.

Olivenbäume prägen die Landschaft Italiens – natürlich auch in der Toskana

Toskana: schlichte Raffinesse

Einfach, bodenständig, klar, natürlich, mit einem Schuss Raffinesse – so präsentiert sich die Küche der Toskana. Es wird kein übermäßiger Aufwand betrieben, schwere Saucen, Sahne und Butter findet man selten, aber die Zutaten sind von bester Qualität. Das fängt beim Fleisch an: Die weißen Rinder aus dem Chiana-Tal liefern außergewöhnlich gutes Fleisch, z. B. für die *Bistecca alla fiorentina*, das gewaltige, gut abgehangene T-Bone-Steak, das aus der Lende dieser Rinder stammt. Pur und kurz auf dem Holzkohlengrill gebraten, wird es erst auf dem Teller mit Salz und Pfeffer gewürzt, dazu etwas Zitronensaft und Olivenöl, fertig. Von schlichter Raffinesse ist auch die *Arista di maiale*, ein Schweinebraten, der nur mit Knoblauch, Rosmarin und Salz gewürzt wird, und *Pollo alla diavola*, dem Pfeffer oder *Peperoncini* die teuflische Schärfe geben. Frisches Gemüse steht an Beliebtheit bei den Bewohnern der Toskana ganz oben. Als Appetizer wird in Streifen geschnittenes rohes Gemüse in mit Salz und Pfeffer gewürztes Olivenöl getaucht und mit Brot gegessen. *Zuppa di fagioli* (Bohnensuppe), *Pappa col pomodoro* (eine dicke Tomaten-Brot-Suppe) sowie die Gemüsesuppen *Ribollita* und *Aquacotta* sind bäuerliche Klassiker, die bis heute ihren festen Platz auf dem Speisezettel haben. In Florenz sind mit Spinat oder Mangold gefüllte Pfannkuchen populär und die Kutteln

Frisch vom Markt: zarte Artischocken…

…und Steinpilze, von den Italienern als Kultpilz verehrt

nach Florentiner Art werden mit Zwiebeln, Möhren, Staudensellerie und Tomaten zubereitet. Die sonst so allgegenwärtige *Pasta* spielt in der Toskana eine untergeordnete Rolle. Ausnahmen sind die *Pappardelle*, die breiten Bandnudeln, zum Hasen- und Entenragout und die in *Sugo* gebratenen *Penne*. Es ist das salzlose Brot, das den Toskaner durch den Tag begleitet: Morgens stippt er es in den Milchkaffee, mittags isst er es geröstet als *Bruschetta* oder mit Pilz- oder Hühnerleberpaste bestrichen als *Crostini* zum Aperitif und mit *Pecorino toscano* (einem würzigen Schafskäse) oder frischem Obst zum Dessert. Ein besonderer Genuss: *Panzanella*, der toskanische Salat aus Brot, Tomate, Zwiebel, Gurke, Basilikum und Olivenöl, das je nach der Gegend, aus der es kommt, weich und rund oder fruchtig-erdig schmeckt.

Wildschweinwürste schmecken gegrillt am besten

Esskastanien – herzhafter Imbiss im Winter

Für Süßschnäbel hält die Toskana eine Fülle von Backwerk bereit. Die bekanntesten: *Panforte* aus Siena, ein Kuchen aus Mandeln, Haselnüssen, Zitronat, Orangeat und Honig, *Biscotti di Prato*, zwiebackharte Mandelkekse, und *Torta della nonna* aus Florenz, mit Vanillepudding gefüllter und mit Mandeln und Pinienkernen bestreuter Mürbeteig.

In ehrwürdigem Gewölbe warten toskanische Weine auf Käufer aus aller Welt

Im Verein mit dem Piemont ist die Toskana die renommierteste Weinregion Italiens. Chianti, Brunello di Montalcino, Vino Nobile di Montepulciano oder Sassicaia – diese Rotweine sind auf der ganzen Welt bekannt. Ein klassischer Weißwein der Toskana ist der Vernaccia di San Gimignano. Die Vernaccia-Traube wird seit alters her im Gebiet um die Stadt mit den Geschlechtertürmen angebaut. Einen guten Ruf genießen auch der Galestro und der Montecarlo bianco, beide werden vorwiegend aus der Trebbiano-Traube gemacht.
Eine wohlschmeckende und einzigartige Mischung aus trockenem Sherry und Trockenbeerenauslese ist der Vin Santo, den man auch in Umbrien kennt. Der Name, heiliger Wein, kommt wahrscheinlich daher, dass er erst um Weihnachten, also in der heiligen Zeit, gekeltert wird. Ein guter alter Vin Santo eignet sich hervorragend als Wein für beschauliche Stunden und bildet mit *Biscotti di Prato* den würdigen Abschluss eines toskanischen Essens.

Unberührte Natur – die Cascate delle Marmore legen davon Zeugnis ab

Umbrien: das grüne Herz

Ob Schwein, Rind, Huhn oder Kaninchen: Fleisch wird seit Jahrhunderten unverfälscht am Spieß, auf dem Rost oder im Backofen zubereitet. Besonders das Schweinefleisch ist von hervorragender Qualität. Dafür gibt es zwei Gründe: Die Tiere werden mit Eicheln, Mais und Getreide gemästet, und die Schlachtermeister von Norcia, verstehen es perfekt, ein Schwein fachgerecht zu schlachten, zu zerlegen und zu köstlichen Würsten und Schinken zu verarbeiten. Das Wort *Norcino*, das eigentlich den Einwohner von Norcia bezeichnet, wurde so zum Synonym für Schweine-schlachter.

Umbrien ist auch das Land der Trüffeln. Vor allem in der Gegend um Norcia und Spoleto wird die edle schwarze Pilz-knolle gesammelt und adelt ein schlichtes Omelett, *Spaghetti*, geröstetes Brot und sogar die Ostertorte.

Eine weitere Delikatesse sind die Linsen von Castelluccio. Sie wachsen auf 1400 Metern Höhe, sind klein, grün und so zart, dass man sie nicht ein-weichen muss.

Auch wenn Umbrien keinen Zugang zum Meer hat, gibt es zahlreiche Flüsse und Seen, vor allem den Lago Trasimeno, eines der größten Binnengewässer Italiens. Karpfen, Aale, Schleien und Barben gehen den Anglern

ins Netz und werden im Ofen gebacken oder auf dem Rost gebraten.
Umbriens Hauptstadt Perugia ist die Stadt der Schokolade. Hier soll der *Zuccoto* zu Hause sein, eine üppige Torte aus mit reichlich Alkohol getränktem Biskuit, Schokoladensahne und kandierten Früchten, die gut

Leicht, zart nach Kräutern duftend: Das umbrische Olivenöl gehört zu den besten Italiens

gekühlt serviert wird.
Wie Soave und Frascati gehört der weiße Orvieto, dessen Anbaugebiet an der Grenze zu Latium liegt, zu den bekanntesten Weinen Italiens. Im Laufe der Jahre hat er sich von einem langweiligen Getränk zu einem frischen körperreichen Gewächs gemausert.

Latium – antikes Erbe

Die Sommerresidenz des Papstes: Castel Gandolfo am Albaner See

Römische Leginäre, Päpste, Reisende und Pilger haben zwar die Kulinarik der ewigen Stadt beeinflußt – Basis der römischen Küche sind jedoch die einfachen Gerichte aus Latium, dem Umland. Beinahe als römisches Nationalgericht gilt das Milchlamm, das mit Rosmarin und Kartoffeln oder mit Knoblauch, Rosmarin, Weißwein und etwas Essig im Ofen gebraten wird. Auch die weniger edlen Teile von Lamm, Rind und Schwein werden zu köstlichen Gerichten verarbeitet. Ganz verrückt sind die Römer auf Nudeln, Artischocken und Zucchini. *Spaghetti alla carbonara* und *Spaghetti all'amatriciana* sollen in der Metropole am Tiber entstanden sein. Auf den Gemüsemärkten der Stadt werden Artischocken jeder Art und Größe angeboten, von den kleinen aus Ligurien bis zu den kindskopfgroßen aus der Toskana. Mit einer Paste aus Minze, Knoblauch, Semmelbröseln und Öl gefüllt heißen sie *Carciofi alla romana*. Die besten Zucchini-Rezepte kommen aus der jüdischen Küche; eine jüdische Gemeinde gibt es schon seit Kaiser Neros Zeiten. Mit Mozzarella und Sardellen gefüllte und frittierte Zucchiniblüten sowie mit Hackfleisch gefüllte Zucchini wurzeln in dieser religiösen Tradition.
Der populärste Wein wächst an den Hängen der Albaner Berge im Süden Roms: Frascati, ein fruchtiger, weicher harmonischer Wein, der gut zu Fisch passt.

Abruzzen: Schärfe und Süße

Ackerbau und Viehzucht bestimmen die Küche dieser bergigen Region an der Adria. Lämmer und Schafe liefern Fleisch, Milch und Wolle, und auch Ziegen werden wegen der Milch gehalten. Einmalig sind die *Maccheroni alla chitarra*: Nudelteig wird zu dünnen Blättern ausgerollt und auf der *Chitarra*, einem mit Drähten bespanntem Holzrahmen, ausgerollt und durchgedrückt. Mit einem Lammragout ein Gedicht! Die Abruzzesen lieben es scharf und süß: Deshalb würzen sie nahezu alles mit *Peperoncini*, den roten Pfefferschoten, und in Sulmona, dem Zentrum abruzzesischer Zuckerbäckerkunst, werden köstliche Bonbons und Dragees hergestellt und fantasievoll verpackt. Typische Souvenirs sind auch süßer *Torrone* und *Centerbe*, ein scharfer Kräuterschnaps.

Die Abruzzesen feiern gern: In Navelli wird mit einem Fest der Safran geehrt

Kampanien: Neapel und mehr

Luftigster Blätterteig, mit Ricotta und Feigenkonfitüre gefüllt

Auch wenn es die Neapolitaner nicht wahrhaben wollen – die *Pasta* wurde nicht am Fuße des Vesuv erfunden. Was sie nicht hindert, mit wunderbaren schlichten Nudelgerichten zu brillieren: *Maccheroni alla napoletana* (Nudelauflauf mit Fleischsauce und Käse), *Spaghetti* mit Käse und Pfeffer, mit Muscheln und vor allem mit Tomatensauce in ungezählten Varianten. Von Kampanien aus trat das rote Gemüse seinen Siegeszug durch Italien an. Um auch im Winter und Frühling nicht darauf verzichten zu müssen, entwickelte sich eine bis heute blühende Industrie für die Konservierung von Tomaten.

Die *Pizza* – neben den *Spaghetti* Inbegriff von „la bella Italia" – hat sich in ihrer heutigen Form im 19. Jahrhundert in Neapel etabliert und von dort die Welt erobert. Klassische Beläge für den Hefeteigfladen sind verschiedene Käse, Schinken, Salami, Pilze, Artischocken oder Sardellen. Eine Besonderheit

ist die *Pizza margherita*, die 1889 zu Ehren der Königin Margherita in den Nationalfarben Rot (Tomaten), Weiß (Mozzarella) und Grün (Basilikum) in Neapel kreiert worden sein soll.
Der echte kampanische Mozzarella wird aus der Milch von schwarzen Büffeln hergestellt, die nordwestlich von Neapel und in dem Landstrich zwischen Salerno, Eboli und Paestum gehalten werden. Wegen der riesigen Nachfrage wird der zarte Frischkäse heute auch aus Kuhmilch produziert und müsste streng genommen *Fior di latte* (Milchblume) heißen. Seine klassische Verwendung findet er als Belag auf der *Pizza*, als Füllung für *Mozzarella in carrozza* (mit Mozzarella gefüllte, gebackene Brotscheiben) und im *Insalata caprese*, dem internationalen Sommerhit

Italien: Land der Zitronen- und Orangenbäume

aus reifen Tomaten, Mozzarella und Basilikum.
Aus dem Golf von Neapel und anderen Buchten werden die Bewohner Kampaniens reichlich mit Goldbrassen, Seebarschen, Austern, Meerestrüffeln und Seeigeln versorgt. Und natürlich mit *Cozze* (Miesmuscheln) und *Vongole* (Venusmuscheln), unverzichtbarer Bestandteil der neapolitanischen Küche. Sie werden auf die *Pizza* gelegt, mit *Spaghetti* serviert oder in einem mit *Peperoncini* gewürzten Sud gegart.
Baba alla napoletana und *Pastiera alla napoletana* sind Neapels Beitrag zum Kuchenrepertoire dieser Welt. Die *Baba* ist ein mit Rum getränkter Hefekuchen, der mit Schlagsahne oder *Zabaione* serviert wird, die *Pastiera* eine Torte aus Mürbeteig und *Ricotta*, die unter anderem mit kandierten Früchten, Zimt, Vanille und Zitronenschale gewürzt wird.
Auftakt oder Abschluss eines kampanischen Menüs ist der *Limoncello*, ein Likör, der sein unverwechselbares Aroma den Zitronen von der amalfitanischen Küste verdankt. Man kann ihn pur genießen, aber auch mit Prosecco oder trockenem Sekt aufgießen.

Blauer Himmel, steile Felsen und Fischerboote prägen die Küste von Kampanien

An den feinen Sandstränden finden Einheimische und Touristen Ruhe und Erholung

Sardinien: Inselparadies

Die am weitesten vom italienischen Festland entfernt liegende Insel ist ein Land der Hirten und Bauern. Lämmer, Zicklein und Spanferkel werden, mit Kräutern gewürzt, über einem Feuer aus aromatischen Hölzern am Spieß gebraten. Die weiten Weizenfelder liefern das Mehl für das Brot, das man hier genauso gern isst wie *Pasta*. Ein typisches Hirtenbrot ist das *Pane carasau*, ein haltbarer Fladen, so leicht und dünn, dass er auch *Carta di musica* (Notenblatt) genannt wird. Mit Olivenöl beträufelt oder mit Rosmarin bestreut, reicht man es zu *Pecorino sarde*, dem sardischen Schafskäse, zu Lammbraten oder gegrilltem Spanferkel, dem *Porcheddu*. *Malloreddus* heißen die sardischen Festtagsnudeln aus Hartweizengrieß, Salz und Safran, die mit etwas Butter und geriebenem *Pecorino*, mit Tomatensauce oder Lammragout gegessen werden.
Keine Insel ohne Fischer: Sie bringen vor allem Sardinen, Meeräschen und manchmal auch noch Thunfische an Land, die man grillt oder schmort und mit Tomaten serviert. Eine noble Delikatesse ist *Bottarga* von der Meeräsche: in Salz eingelegte und gepresste Fischeier. Man reicht sie in dünnen Scheiben mit frischem Brot als *Antipasto* oder verrührt die Brösel mit Olivenöl zu einer Sauce für *Spaghetti*. Entlang der Küste gibt es zudem reichlich Meeresfrüchte: Tintenfische, Muscheln, Austern und die wohl schmeckenden sardischen Langusten, die man grillt oder mit Rosmarin und Weißwein im Ofen gart.

Sardischer Pecorino aus Schafskäse

Sardische Handwerkstradition: Korbflechten

Sizilien: opulente Vielfalt

Süß und herzhaft, exotisch und bodenständig – so präsentiert sich die Mittelmeerinsel, in deren wechselvoller Geschichte Griechen, Römer, Byzantiner, Araber, Normannen und Spanier ihre kulinarischen Spuren hinterlassen haben.
Sizilien ist von drei Meeren umgeben – da ist es nicht verwunderlich, dass Fisch und Meeresfrüchte eine feste Größe auf der Speisekarte sind. Doch Sardinen, Schwertfisch und Thunfisch kommen nicht nur gekocht, gebacken, gegrillt oder mariniert auf den Tisch. *Pasta e pesce* ist eine beliebte Kombination, zum Beispiel *Pasta con le sarde* (mit einer Sauce aus Sardinen und den ganzen Fischen) oder *Maccheroni con le seppie* (mit Tintenfischen und mit ihrer Tinte geschwärzte Tomatensauce).
Die Araber führten Zitrusfrüchte, Zucker, Gewürze und Reis ein, das Ergebnis sind *Arancini alla siciliana* (mit Rinderfarce gefüllte orangengroße Reisbällchen) und *Alici all' arancia* (mit Zitronen und Orangensaft gegarte Sardinen).
Heute ist Sizilien Italiens größter Produzent von Zitronen und Orangen.
Mandeln, Pistazien und Honig sind die Säulen sizilianischer Zuckerbäckerkunst. Der inseltypische *Torrone* wird daraus gemacht, aus Mandeln die *Amaretti* (Makronen) und natürlich Marzipan. Äpfel, Orangen und Pfirsiche aus Marzipan, den echten täuschend ähnlich, sind in Palermo der Renner.
Mit den Bewohnern der Dolomiten und den Toskanern streiten sich die Sizilianer um die Urheberschaft des Speiseeises. Egal, wer Recht hat, am Anfang stand das Sorbet, mit fortschreitender Kühltechnik kam das Milcheis dazu. Die *Cassata gelato* ist eine üppige Eisbombe, die *Cassata alla siciliana* dagegen eine Festtagstorte aus Biskuit, *Ricotta*, kandierten Früchten, Schokolade und Nüssen, die zu besonderen Anlässen wie Taufe, Hochzeit oder Ostern serviert wird.
Dem jungen Engländer John Woodhouse verdankt Sizilien die weltweite Karriere des Marsala. Bei einem unfreiwilligen Aufenthalt in der westsizilianischen Stadt gleichen Namens entdeckte er den Wein und erkannte das Potenzial, mit ihm dem Sherry und Madeira Konkurrenz zu machen. Guter Marsala ist ein hervorragender Aperitif und Dessertwein und eine gut gekühlte, mit Marsala getränkte Melone eine herrliche Erfrischung an heißen Sommertagen.

Heißbegehrt: Frische Fische aus den drei Meeren

Würziger Genuss: Provolone, ein Schafskäse, wird in der typischen Birnenform hergestellt

Fenchelsalami, Wildschweinwürstchen, Pancetta und anderer Speck – nur ein winziger Ausschnitt aus Italiens phantastischem Wurstangebot

Sch

T

U

Z

Die Regionen Italiens

Von Norden nach Süden: